사주

내가 가진 네 개의 열쇠

사주

내가 가진 네 개의 열쇠

ⓒ 김동현, 2017

초판 1쇄 발행 2017년 5월 24일

지은이   김동현
펴낸이   이기봉
편집   좋은땅 편집팀
펴낸곳   도서출판 좋은땅
출판등록 제2011-000082호
주소   경기도 고양시 덕양구 통일로 140 B동 442호(동산동, 삼송테크노밸리)
전화   02)374-8616~7
팩스   02)374-8614
이메일   so20s@naver.com
홈페이지 www.g-world.co.kr

ISBN   979-11-5982-857-7 (03180)

이 도서의 국립중앙도서관 출판시 도서목록(CIP)은 서지정보유통지원시스템 홈페이지(http://seoji.nl.go.kr)와 국가
자료공동목록시스템(http://www.nl.go.kr/kolisnet)에서 이용하실 수 있습니다. (CIP제어번호 : CIP2017011980)

사주

내가 가진 네 개의 열쇠

김동현 지음

좋은땅

CONTENTS

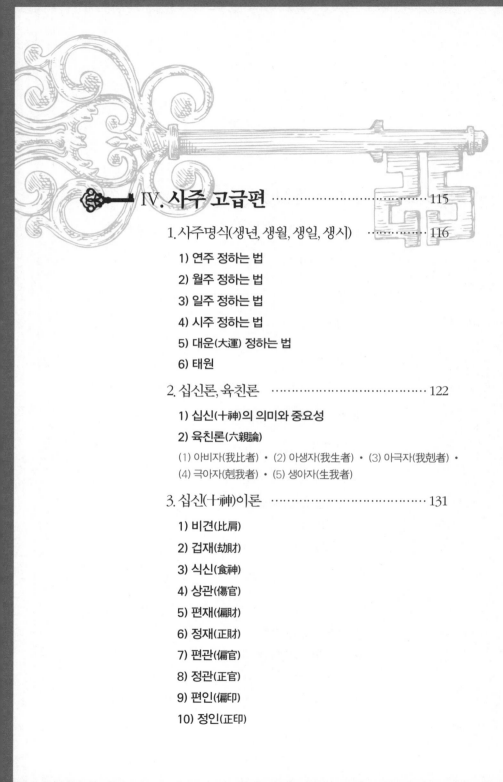

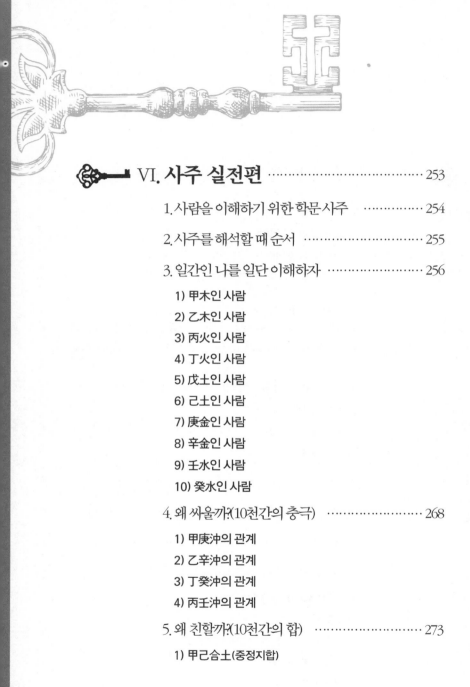

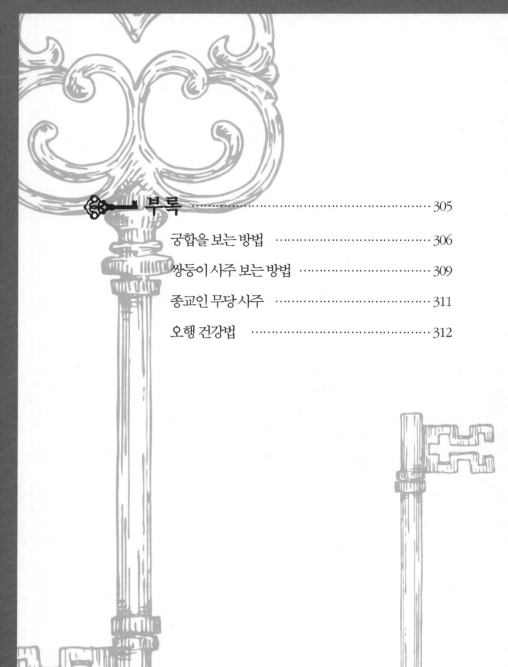

머리말

사주를 공부하는 것은 일단 나를 알고 너를 알며 우리를 알아가는 것이고 내가 어떻게 살아가야 하는지, 그리고 너와 어떻게 살아가야 할지 우리가 어떻게 살아가야 할지를 생각해보는 학문이었으면 합니다.

사주를 알면 사람이 보입니다.

사람을 이해하기 위해서, 그리고 같이 살아가기 위해서 또한 내가 살아가야 하는 방법에 대해서 이야기하고 고민해보는 것을 사주로 시작하셨으면 합니다. 사주는 나를 알아가는 학문이자 살아가는 방법에 대한 학문이기에 인문학이며 철학입니다.

사주라는 학문을 어렵고 지루하며 논리적이지 않은 신비한 것으로 생각하시는 분들이 많습니다. 하지만 단언컨대 사주는 절대 신비만 하거나 어렵지만은 않은 학문입니다. 우리가 살아가는 낮은 양, 밤은 음의 반복으로 하루, 달의 변화로 한 달이 되고, 세 달이 모여 한 계절이 되고 사계절이 모여 12달로 대표되는 12지지가 모여 일 년이 되는 것처럼 너무도 자연스럽고 우리에게 익숙한 자연이 바로 사주라는 학문입니다.

5천 년의 역사를 가지고 발전해온 학문이 신비하기만 하고 논리적이지 않을 수가 있겠습니까?

제가 이 책을 쓰게 된 계기는 사주를 어렵고 설명할 수 없는 점술로만 생각하시는 분들에게 사주라는 학문이 얼마나 쉽고 유익한 학문인지, 얼마나 논리적이고 명확한지를 알려드리고 싶기 때문입니다. 물론 제가 엄청난 학식을 가지고 있는 사람은 아닙니다. 그러나 누구나 알아들을 수 있게 쉽게 풀이하는 재주는 있는 사람이라고 생각합니다.

제 책을 통해 사주학을 정확히 알고 쉽고 친근하게 사주를 보셨으면 좋겠습니다.

I

사주 목적편

1. 사주는 나이다

　많은 사람들이 나라는 존재에 대해 궁금해한다. 나는 어떤 성격의 사람일까? 무엇을 좋아할까? 어떤 일을 하는 것이 유리할까? 무엇이 나의 성향에 맞을까? 나는 왜 이럴까? 등등 많은 질문에 대한 답을 얻기 위해서 고민한다.

　그런 나를 알기 위해서 사주를 공부하는 것이다. 사주라는 것은 사람이 태어난 연월일시이자 그 사람이 가지고 태어난 자연의 기운이고 천체의 위치이자 사람의 천성인 것이다. 천성이 정해졌다고 해서 꼭 그렇게만 산다고 하는 것은 위험한 발상이다. 어떤 기운을 가지고 태어났든 어떻게 살아가느냐가 더 중요한 변수이기 때문이다. 그러므로 일단 나라는 존재를 알고 내가 어떻게 살아가야 되는지에 고민해보는 것이 사주를 배우는 첫 번째 이유가 되는 것이 맞다.

　그렇다면 어떻게 나를 판단할 수 있을까? 일단 내가 태어난 날의 기운을 알아야 한다. 만세력을 참고하여 연주, 월주, 일주, 시주, 사주를 뽑고 그중에서 내가 태어난 날인 일주를 기준으로 한다. 그 중에서도 하늘의 기운이자 사람의 정신인 천간을 기준으로 삼는다. 태어난 날의 천간이라고 해서 일간이라고도 하고 나의 본질이라고 해서 일원(日元)이라고도 한다. 일원에 따라 기본적인 나의 특성을 알 수 있다. 일원이 되는 나의 오행과 나를 도와주는 오행이 사주팔자에 몇 개가 있고 그것이 어느

정도 힘을 가지고 있느냐에 따라 내가 강한지 약한지를 판단해보는 것
이 첫 번째이다. 두 번째는 각각의 오행들의 어느 자리에서 어떤 역할(십
신론)을 하고 있는지를 알아보는 것이다. 셋째는 나의 지지가 역마, 도화,
화개(12지지 중 각 계절의 시작인 4달이 역마 계절의 기운이 가장 왕성한 4달이 도화
계절을 마무리하는 4달이 화개)가 어디에 있는 몇 개나 있는지에 따라 나의
활동적인 취향을 알 수 있다. 사주팔자인 나를 알고 10년마다 나에게 작
용을 하는 대운과 매년마다 변화하는 한 해 운을 알고 그 운에 내가 어떻
게 대처를 해왔는지 또 어떻게 대처를 해가야 하는지를 알아가는 것이
사주를 보는 올바른 방법이라고 할 수 있다.

나를 안다는 것은 나를 규정하는 것이 아니라 이런 특성을 가진 사람
이니 어떻게 살아가면 좋을지에 대해 깊게 고민해보고 노력해나가는 것
이 올바른 자세이고 사주이자 철학인 이유이다.

2. 사주는 너이다

일단 사주를 보고 나를 분석해보고 이해했다면 이제 나와 관련된 많은 너를 알아볼 차례이다. 너란 존재는 연인, 부부, 친구, 직장동료, 동업자, 거래처 사람들, 영업 대상 등등 나와 관계를 맺는 모든 사람들이 포함된다. 너를 아는 것은 그 사람을 알고 이용하려 하기보다 올바른 너를 알고 그 사람을 이해하기 위한 노력이 선행되어야 한다. 나는 이런 사람이라면 너는 이런 사람인 것이다. 주어진 상황에서 나라면 당연히 A를 선택한다면 너는 B를 선택하는 것이 당연한 것이다. 그것은 틀리거나 나쁜 것이 아니라 나이기 때문에 A를 선택한 것이고 너이기 때문에 B를 선택한 것이다. 그것을 알면 서로 화내고 다투기보다 인정하고 서로에게 노력해가는 것이 바로 사주로 너를 알아야 하는 이유이다.

사회생활을 하면서 많은 사람들을 만나고 관계를 맺어야 하는데 거기에 대해 두려움을 가지는 사람들이 많아지고 있다. 그래서 인간관계를 점점 좁게 만들거나 아무 의미를 두지 않는 경우가 많아지고 있다. 이런 경우일수록 그 사람에 대해 조금의 힌트라도 가질 수 있다면 인간관계를 얼마나 편하게 해갈 수 있겠는가?

그래서 일단 나를 알고 너를 알아가는 것이 그래서 우리의 관계를 이해하고자 하는 것이 사주를 보는 두 번째 이유이다.

그렇다면 너는 어떻게 아는 것일까? 나를 보는 방식과 같다. 사주를 보고 일원을 기준으로 팔자를 살펴 너를 알아가는 것이다.

3. 사주는 우리다

나를 알고 너를 알면 이제 우리의 관계를 알아야 한다. 우리를 알기 위해서는 기준이 나의 일주와 그 사람의 일주와의 관계를 알아야 한다. 여기서 중요한 것이 일단 합과 충이다. 합이라는 것은 잘 맞는다는 것이다. 충이라는 것은 다툰다는 것이다. 살아가다 보면 그냥 맞는 경우도 그냥 다투는 경우도 있는데 단순히 합과 충 때문이 아니라 각각의 특성에 따라 합과 충이 되는 이유를 알 수 있다. 그것을 안다면 서로를 이해하는 데 큰 도움이 된다(자세한 설명은 실전편에서 볼 수 있다).

그렇다면 잘 맞고(합) 안 맞고만(충) 중요한 것일까? 아니다 서로에게 도움이 되는지 또는 문제를 가지고 오는 것은 아닌지도 알아야 한다. 여기서 나에게 필요한 것이 용신(나에게 도움을 주는 오행), 해를 끼칠 수도 있는 것이 기신(나에게 안 좋은 오행)이다. 나에게 용신이 되는 것을 그 사람이 일주에 가지고 있다면 좋은 것인데 그것은 단순히 좋다로 끝난다면 부적의 역할밖에 되지 않는다. 좋은데 무엇 때문에(십신) 또는 어떻게 좋은 것인지를 정확히 알아야 한다. 그래야만 내가 그 사람과의 관계 설정을 명확하게 할 수 있다. 반대로 기신이라는 것도 꼭 나쁘다고만 생각하지 말고 어떻게 역할을 함으로써 안 좋은 것인지를 안다면 무조건 멀리하기보다 그 부분을 나에게 이롭게 만들 수도 있는 것이다.

위기 속에 기회가 있다. 기회라는 것은 모를 때는 위기이지만 미리 준비된 사람이거나 이겨 내는 사람에게는 큰 기회가 된다. 그렇기 때문에 용신이든 기신이든 좋고 나쁘게만 보는 것이 아니라 정확히 어떻게 내가 대처해야 하는지를 아는 것이 더 중요하다. 그 사람이 나에게 어떻게 작용을 하고 그것을 내가 어떻게 대처해야 할지를 아는 것이 중요하다.

1) 연인, 부부끼리 알아야 하는 사항

부부와 연인 관계에서 궁합을 보는 이유는 만남과 이별을 정하기 위해서가 아니라 서로가 어떤 사람이고 어떠한 노력을 해야 하는지 우리 관계가 어떠한지를 알기 위해서 보는 것이다. 처음으로 나의 일주(생일)와 그 사람의 일주(생일)를 보고 서로를 알아야 한다. 그리고 나와 다른 사람이라는 것을 인정해야 한다. 내가 이런 사람이듯 그 사람 또한 그런 사람일뿐이다. 서로가 다름을 알고 인정하며 다름을 기준으로 서로를 이해하고 함께 가도록 노력하여야 한다.

그것이 천간인 정신적인 부분뿐만 아니라 지지인 육체적인 또는 실제적인 부분까지도 그렇다는 것을 인정하여야 한다. 만약 나의 일지가 도화이고 데이트를 할 때 목적이 정해져야 움직이는 성향이라면 역마를 가지고 있는 사람은 목적보다 일단 같이 있기만 하면 그것으로도 충분하다고 생각한다. 일지가 다르기 때문에 서로 성향과 취향이 다른 것이지 그것이 상대를 무시하거나 배려를 하지 않는 것이 아니다. 배려의 기준이 나이기 때문에 나를 기준으로 하는 배려가 상대에게는 불편함이 될 수도 있다. 또한 성별에 앞서 성향이 다른 것이기 때문에 남자가 데이

트 계획하여야 한다고 정하지 말고 잘 하는 사람이 계획을 하는 것이 자연스럽고 잘할 수 있는 것이다.

궁합이 아주 안 좋은 경우도 있는데 천간과 지지가 다 충하는 경우이다. 그렇다고 해도 결혼을 해서 잘 사는 경우도 보았다. 처음에는 너무 다르기 때문에 다투었으나 너무 다르기 때문에 어느 순간 서로를 인정하고 살아가는 것이다. 너무 다르기 때문에 더 서로를 존중하는 경우인 것이다. 반대의 경우 너무 궁합이 좋은데 조건이나 기타 여건으로 인해서 결혼까지 못 간 커플들도 많다. 그러나 헤어진 경우도 서로에 대한 미련을 가지는 경우가 많다. 서로가 아닌 것을 알지만 잊지 못하는 경우이다. 그 사람처럼 잘 맞는 사람이 없기에 새로운 사람을 만나도 계속 이전 사람과 비교하게 되고 힘들어하는 경우도 있기 때문이다.

2) 직장동료끼리 알아야 하는 사항

가정에서 같이 사는 사람보다 더 많은 관계를 가지고 조심하여야 하는 것이 직장동료일지도 모른다. 그리고 가정에서는 서로 편하고자 한다면 직장동료는 서로 경쟁관계이면서 의존관계이기 때문에 인간관계가 쉽지 않다. 이때는 일원의 성향보다 십신의 작용이 더 중요하다. 그 사람의 일지가 무엇인지에 따라 일을 나서서 하는 사람(식상)인지 시키는 일만 하는 사람(관성)인지 기회를 놓치지 않는 사람(재성)인지 또는 자존심이 강한 사람(비겁)인지 인복이 많아 남의 도움을 받아 일을 진행하는 사람(인성)인지 구분할 수 있다. 그 성격에 따라 그 사람이 일하는 성향을 본다면 그 사람이 왜 그렇게 하는지를 이해할 수 있다.

그 사람과의 관계도 나의 성향과 그 사람의 성향에 따라 왜 서로 이해를 못 하는지 또는 왜 잘 맞는지를 본다면 더 좋은 관계를 이어갈 수 있을 것이다. 그리고 그 사람의 일지가 나에게 십신(역할)상 무엇으로 작용하는지도 중요하다. 그 사람이 나에게 도움을 주는 사람(인성)인지 일을 주는 사람(식상)인지 기회를 주는 사람(재성)인지 나를 엄히 가르치는 사람(관성)인지 나에게 용기를 주는 사람(비겁)인지에 따라서도 달라진다. 물론 그것이 용신인지 기신인지도 중요하다. 그것을 안다면 내가 그 사람을 어떻게 대해야 하는지도 나올 수 있다.

3) 영업사원이 알아야 하는 사항

일단 영업 성향은 각 일원(일주에 천간)에 따라 다르다. 내가 양권(丙戊庚癸乙)인 외향적인 사람이라면 두려움이 없이 누구에게나 먼저 말을 걸고 그 사람이 어떠한 반응을 보이든 크게 위축되지 않는 성향이다. 그에 반해 일원이 음권(丁己辛壬甲)은 내성적이고 생각이 깊고 조사 분석해서 논리적 자료를 가지고 이야기하는 영업으로 크게 구분된다.

나의 성향을 안다면 주위에 있는 영업사원에 성향을 맹목적으로 따르기보다 내 성향을 맞는 영업 방법을 찾는 게 중요하다. 나의 성향도 중요하지만 상대방의 성향도 중요하다. 상대가 양권인 사람이라면 일단은 먼저 다가가서 친해지고 이런 저런 말을 하면서 본론을 이야기하는 사람과 맞고 상대가 음권인 사람은 성급하게 다가오면 어색해하고 피하는 성향을 가지고 있어서 그 사람에게는 필요한 사전정보를 먼저 문서화하여 주고 그것을 보고 판단할 시간을 준 후 그 사람에게 필요한 정보를 추가로 전하면서 이것이 왜 필요한지를 설명하는 것이 더 효과적인 방식이다.

이처럼 사람에 따라 영업하는 사람의 방식도 구매자의 성향에 따라 접근 방식도 달라진다. 물론 사주에서 그 사람이 양권이나 음권이라고 해서 반드시 양권이나 음권적인 성향만 가지고 있다고 단정하면 안 된다. 경험을 통해 자신의 변화를 만들어가는 사람도 있기 때문이다. 본성에서 발전하는 부분이 있어서 꼭 맞지는 않는 경우도 있다. 그러니 너무 단정하지 말고 열린 결론을 가지고 그 사람과의 대화를 서로를 알아가는 것이 더 중요하다.

4. 사주를 알면 인생의 이치를 안다

　나를 알고 너를 알고 우리를 알고 또한 그 작용과 관계를 알았다면 결론은 사람이라는 것은 자연의 이치를 크게 벗어나지 않고 그 이치 안에서 노력하는 존재라는 것을 알 수 있을 것이다. 그것은 노력이지 억지로 할 수는 없는 것이다. 그래서 필자가 좋아하는 문구가 盡人事待天命(진인사대천명)이다. 내가 할 바를 다 한 후에 그 결과는 하늘의 뜻을 기다리는 것이다. 그러니 자연의 이치에 따라 살아가야 하는 것이다. 그것을 안다고 하면 지금처럼 욕심이 사납고 자기 것을 더 가지기 위해 온갖 패악을 부리지는 않기 때문이다. 너무나 어이없고 힘든 세상이지만 어찌 보면 옛날이야기에나 보았던 권선징악(勸善懲惡)의 시대를 보는 것만 같은 시기이다. 하늘이 지금의 세상이 너무나 힘드니 이제 조율을 시작한 것이 아닌지 생각해보기도 한다.

II

사주의 역사와 배경편

1. 최초의 제사장 태호복희씨

　운명학을 이야기하니 신비하고 논리적이지 않은 점술로 생각하시는 분들이 많은 것 같다. 하지만 사주운명학은 말 그대로 학문이다. 점술처럼 직관으로 이야기하는 것이 아니라 논리적으로 해석하는 학문이 바로 사주운명학이다. 그러므로 점술과는 전혀 다르다고 이해했음 한다. 그렇다고 그 시작 자체가 다른 것은 아니다. 단지 시작은 같으나 발전하는 단계에서 달라졌다고 보아야 한다.

　역학에서의 뿌리는 태호복희씨라는 사람으로 시작되었다. 역사상으로 최초의 제사장이다. 그런데 우리는 제사장하면 단순이 신과 대화하는 사람으로 생각하는데 실제로는 그리 단순하지 않다. 고대시대에 제사장이라는 것은 계급이며 지도자이다. 즉, 복희라는 사람은 단순히 무당이나 주술적인 사람이 아니라 그 부족의 지도자 또는 현자라고 보면 된다.

　복희라는 사람은 바로 지금의 지식인이다. 남들보다 많은 정보를 가지고 있어서 남들을 지도하고 지배할 수 있는 사람이다. 제사장은 농사 짓는 법을 알려 주고 의술을 행하는 사람이다. 하루의 개념을 알고 사계절의 개념, 일 년의 개념과 자연의 법칙을 알았던 사람이 복희이다. 그래서 언제 씨를 뿌리고 언제 추수를 해야 하는지, 언제쯤 비가 오고 언제는 가물지를 알고 있는 사람이 제사장인 복희씨이다. 그렇다면 복희라는 사람이 정말 점술만을 통해서 알았을까? 만약 그랬다면 복희라는 제사장은 사람들에게 맞아 죽었을지도 모른다.

복희씨는 앞서 말했듯 일 년의 개념을 가지고 있었던 사람이다. 선대의 지혜를 물려받은 사람, 바로 지식을 가진 사람으로 그 지식을 바탕으로 농사를 짓는 시기를 알고 있는 사람이자 약초를 알고 독초를 아는 바로 지식인이 복희씨이고, 그 지식을 가지고 부족을 지배했던 사람이 바로 복희씨이다.

그러므로 태호복희씨는 최초의 지식인이자 지식을 활용한 지도자이다. 그것이 발전하여 왕들이 나라를 부강하게 만들기 위해 여러 지식인들을 모으고 그것을 체계화하고 발전시키면서 나온 것이 지금의 역학이라고 보면 된다. 옛날의 왕들이 심심해서 별을 연구시키고 달과 해를 연구시킨 것이 아니라 농사를 더 잘 짓기 위해, 나라를 부강하게 하기 위해 나온 것이 바로 역학이다. 하늘과 땅의 이치 낮과 밤의 이치를 아는 것은 자연과학 그 자체이다.

2. 자연과학이 바로 역학

易(역)자를 보면 日과 月의 합성자임을 알 수 있다. 그것은 바로 역학이 낮과 밤의 구성이 하루라는 개념을 가지면서 자연의 순환을 이루는 최소의 단위라는 것에서부터 시작된다는 것이다. 낮과 밤, 즉 음양으로 모든 생명의 시작 및 모든 것의 시작되는 것이다. 더 구체적으로 오행은 자연을 이루는 5가지 기본 요소이며 순환적인 것이다. 그런데 오행을 화, 수, 목, 금, 토 자체로 알고 설명하는 사람이 많다. 자연이 순환되는 것에 5가지를 정하고 그 뜻에 가장 설명하기 쉬운 것으로 오행을 정한 것이지 오행 자체가 자연은 아니다. 낮밤이 반복되는 것처럼 오행도 순환된다.

간단히 설명하자면 바로 봄, 여름, 가을, 겨울이며 해가 뜨고 지는 하루 시간의 흐름이자 모든 것들의 생왕소멸이다. 즉, 자연의 모든 법칙을 기록하고 연구한 학문이 바로 역학이다. 해가 뜨고 지는 시간, 달의 모양의 변화, 천문의 변화, 계절의 변화를 기록하고 그 기록을 가지고 연구해서 농사를 잘 짓게 할 수 있느냐, 얼마나 많은 사람을 이롭게 할 수 있느냐가 바로 역학의 시작이다. 그러므로 역학은 인문과학이 아니라 자연과학이다.

옛날에는 자연과학과 인문과학이 분리된 시대가 아니었다. 다빈치도 과학자이자 미술가이자 철학자였듯이 자연과학을 연구하는 사람들이 인문과학도 연구했다. 역학이라는 완벽한 논리를 기초로 해서 사람의 살아가는 방식, 즉 철학까지도 같이 연구하고 조언하는 학문이 바로 지금의 사주운명학이다.

3. 사주는 점술이 아니라 철학

내가 이 책으로 주장하고 싶은 게 이 부분이다. 많은 사람들이 사주를 점술로 생각한다. 점술이라는 부분을 전혀 없다고 할 수는 없으나 근본적으로 사주는 철학이다.

그렇다면 철학이란 무엇일까?

공자, 맹자, 소크라테스, 부처, 예수의 모든 경전의 첫 구절에 시작은 항상 "선생님! 제가 어떻게 살아가야 할까요?"로 시작된다. 그에 대한 해답으로 공자는 '인의예지'를, 소크라테스는 '너 자신 스스로 이미 답을 알고 있다'고 했으며, 부처는 '자비하라' 했고, 예수는 '사랑'이라 했다.

사주학도 상담자들이 질문을 하러 오는 것이다! "선생님 어떻게 해야 할까요?"라고 말이다. 그에 대한 답을 엄청난 지식이나 직관으로 하는 것이 아니라 사주를 해석해서 그 사주 안에서 답을 찾고 조언해주는 것이 바로 사주운명학이다. 그래서 사주는 점술과는 다르게 이해되어야 한다.

물론 사주는 기본으로 10년마다 또는 해년마다 나에게 영향을 주는 운이 작용한다. 이 때문에 사주를 점술이라고 생각하는 것인데 사주의 원래 의미는 운이 반드시 작용한다는 개념보다 어떤 운이 어떻게 작용을 하므로 당신은 어떻게 처신을 해야 하는지에 대해 이야기해주는 것이다. 그러므로 운이라는 것은 반드시 그렇게 되는 것이 아니라 운을 어떻게 활용하는지, 얼마나 조심해야 하는지에 대한 조언이다.

4. 역학의 시작인 하도와 낙서 역사

하도와 낙서는 역학의 뿌리가 되는 것이다. 물론 하도낙서가 마치 신화처럼 내려오고 있는 것은 사실이다. 하도의 경우 5600년 전쯤 환웅의 제자 태호복희씨가 하늘로부터 가르침을 받았다고 이야기하고 낙서의 경우 4000년 우황제가 낙수라는 저수지에서 올라온 신성한 거북의 등에 있는 것을 보고 연구하였다 하여 낙서라고 한다. 하지만 여기서 중요한 것은 몇 년 전에 누가라는 것보다 그것이 내포하고 있는 의미를 생각해보아야 한다.

하도의 경우 卍모양으로 되어있어 동서남북중앙의 방향적 의미로 음양오행의 법칙과 순서 등 오행의 기본적인 지식과 오행의 순환 역할 등 진정한 오행의 의미와 상생의 지식이 있다.

낙서는 마방진으로 오행의 상생 상극하면서 자연의 조화를 설명하고 있다. 자연의 이치는 상생이든 상극이든 마방진의 합이 항상 15이듯 15에서 10을 빼면 5로 중용인 토가 되고 그것은 곧 조화를 설명하는 것이다.

5. 하도로 보는 오행의 의미

하도에서 말하는 자연의 시작은 음인 수(水)와 양인 화(火)를 나누고 거기에 생명인 목(木)과 결실인 금(金)을 의미하면서 그 모든 것의 조화를 이루는 것은 토(土)이며 중도이며 중앙이다. 수(水)는 모든 생명의 근원이 되고, 생명이 시작하여 그 생명이 성장하는 의미를 목(木)이라고 한다. 생명이 왕성해져 가장 강해질 때를 화(火)라고 한다. 그 생명이 모이고 결집하는 것을 토(土)라고 하고 그로 인해 결실을 맺는 것을 금(金)이라 한다.

이렇듯 오행은 단순이 수, 목, 화, 토, 금 자체가 아니라 五行, 즉 다섯 가지 움직임 또는 순환으로 이해하면 오행을 이해할 수 있을 것이다. 즉, 겨울에 땅에 물이 얼어서 준비되고 그 물이 녹으면서 봄에 생명이 소생하고 여름의 강력한 태양의 에너지로 인하여 생물이 왕성하고 그것이 모여서 토이고 그 결실로 금이 된다고 이해한다면 오행을 이해할 수 있고 그것이 자연의 법칙이며 역학의 원칙인 것이다.

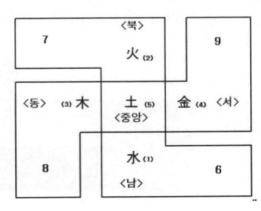

6. 낙서로 보는 오행의 의미

　낙서에 표시된 수자는 1에서부터 9까지만 있는데 9 다음은 0이 존재한다고 본 것이다. 이 0은 우주의 숫자로 보이지 않는 곳에서 지구를 지배한다고 보고 있다. 이는 土가 5인데 성수인 10은 필요 없다고 보는 것이다. 즉, 土는 중앙으로 짝이 필요치 않으며 하도는 동서남북과 중앙에서 생수가 성수를 거느리고 있지만 낙서에서는 동서남북의 양수가 각 음수를 거느리고 있음을 표시하고 있다. 이는 하도는 하늘의 수가 땅에서의 조화를 표시하기 것이기 때문이며 낙서는 땅에서의 오행을 표시하기에 생수와 성수의 구분보다는 숫자로써의 음양을 표시하는 데 있기 때문이다.

　낙서의 숫자 모형을 보면 어느 방향으로 더해도 15가 되니 15에서 10을 빼면 5가 남고 이 5가 중앙임을 말해주게 된다.

　그것은 자연의 상극과 그 조화를 이야기하는 것이다.

4	9	2
3	5	7
8	1	6

토인 5를 중앙에 놓고 1, 6은 수(水) 2, 7은 화(火) 3, 8은 목(木) 4, 9
는 금(金) 어떻게 더해도 항상 15인 조화를 이루는 것이 마방진의 의
미이다.

III

사주 역학의 기본편

1. 오행의 의미

일기가 응결하여 태역이 생수하고, 태초가 생화하고, 태시가 생목하고, 태소가 생금하고, 태극이 생토하였다. 그리하여 수는 1이 되고, 화는 2가 되고, 목은 3이 되고, 금은 4가 되고, 토는 5가 되었다(《연해자평서 발췌》).

오행이라는 것은 무엇일까? 한자를 알면 역학을 안다는 말이 있다. 그만큼 漢子는 한자 자체에 모든 의미가 내포되어 있다는 말일 것이다. 5행(行)이라는 것은 5가지 움직임이라고 보면 된다. 오행이라는 것은 자연의 운행 중 5가지로 구분한 것을 말한다. 일 년을 사계절로 나누는 것과 같은 이치이다.

식물이 새싹을 틔우고 성장하여 가장 활발하게 자라서 열매를 맺고 열매가 수로 들어가 다음 생명을 준비하는 것이 자연의 순환이고 생왕사멸이며 이것의 정의가 오행이다. 사람의 순환도 태어나 자라고 장성하였다가 아이를 낳고 죽어 다시 잉태되어 태어난다.

모든 자연의 생왕사멸의 법칙인 것이다. 모든 자연의 시작점인 근원을 水라 정의하고 생명이 생겨 자라남을 木이라 정의한다. 생명이 가장 왕성하여 생육하는 것을 火라 정의한다. 그리고 왕성한 생명이 결실을 맺기 위해 굳어지는 것을 土라 정의하고 굳어져 결실을 맺는 것을 결실, 즉 金이라 정의한다. 그 결실이 다시 근원인 水로 들어가 다시 다음 생명이 되는 순환의 법칙이 바로 오행, 5가지 순환 법칙인 것이다.

이것은 1년으로 보면 겨울(水)에서 생명의 시작을 준비하고 그 생명 (木)이 피어나는 봄을 지나 가장 왕성(火)한 여름이 되고 그것이 열매를 맺기 위하여 준비하는 환절기(土)를 지나 종국에는 결실(金)을 맺는 것 이며 그 결실이 다시 물로 들어가 생명이 되는 계절적인 의미이자 자연 의 흐름인 것이다. 이것을 정의하기 위해 수, 목, 화, 토, 금으로 설명한 것인데 그것을 이해하지 못해서 그 자체인 물, 나무, 불, 흙, 금속이라는 것으로만 보고 나무로 불을 태운다는 등 재가 되고 그 재가 땅속에서 금 속이 된다는 등의 해석을 하는 사람들이 종종 있다. 이것은 오행이라는 말 자체를 이해하지 못 하는 것이고 달을 가리키니 손가락을 보고 있는 우를 범하고 있는 것이다(見指忘月 標月指).

수(水)는 모든 생명의 근원 시작점이다

모든 생명은 어디서 시작할까? 바로 水이다. 그리고 그 대표적인 예 가 바로 子宮이다. 여기서 子를 단순이 쥐로만 보면 이해가 가지 않는다. 12地支를 설명할 때 다시 이야기하겠지만 子는 물이 가득 차 있다는 의 미를 가지고 있다. 그러므로 여자의 子宮이라는 말 자체가 물이 가득 차 있는 곳, 생명이 시작하는 곳이라는 의미를 가지고 있다. 그러므로 가장 번식력이 좋은 동물인 쥐로 은유하는 것이다. 子가 쥐가 되는 이유는 쥐 자체가 아니라 쥐가 가지고 있는 번식력을 의미한다.

다시 본론으로 돌아가서 수는 모든 생명이 시작하는 곳, 그래서 숫자 로도 1이 된다고 보면 된다. 계절적으로 보면 겨울이다. 겨울에 물이 많은가 하는 의문을 가지고 질문하실 분들을 위해 설명하자면 비가 많이 오는 건 여름이지만 여름에 비는 모이는 것이 아니라 흘러가고 사용되는 것이다. 하지만 겨울의 물은 땅속에 얼어서 가득 차 있는 것이고 이것이 봄에 녹아서 생명을 키우는 것이다. 그래서 옛말에 겨울에 눈이 많이 오면 풍년이라는 말이 있는 것이다. 그리고 水는 겨울이고 차며, 우리나라를 기준으로 북쪽이고 나라로는 러시아이다.

색은 검은색이다. 물인데 왜 파란색이 아니고 검은색인지 의문을 가지시는 분들에게 설명 드리자면 물은 투명색이지 파란색이 아니고, 또 수라는 것은 오행의 의미를 표하는 것이지 물 자체가 아니다. 그렇다면 다시 원론으로 근원이 되는 수(水)는 음(陰)으로 밤이고 겨울이니 검은색으로 보는 것이다. 숫자로는 1과 6이다.

목(木)은 생명 그 자체이고 성장의 의미를 가지고 있다

계절적으로는 봄이고 방향으로는 동쪽이다. 해가 어디서 뜨는지를 생각하면 동쪽임을 알 수 있을 것이다. 색상은 청색(초록, 파랑)이고 따뜻하다. 숫자는 3이다. 음(1) 양(2)을 더해서 생명이 되는 것으로 이해하면 3과 8이다.

화(火)는 생명이 가장 왕성할 때, 화려할 때이다

화는 불타 없어지는 것이 아니라 생명이 왕성할 때, 더울 때 이고 방향은 남쪽이다. 숫자는 2이다. 그래서 색상은 빨간색으로 보면 된다. 다시 말하지만 절대로 불타 없어진다고 하면 안 된다. 그렇다면 순환은 여기에서 끝나 버릴 수밖에 없는 것이다. 숫자로는 2와 7이다.

토(土)는 생명이 지는 시기, 또는 열매를 맺기 위해 준비하는 때를 이야기하며 '굳어지고 근간이 되는'이라는 의미를 가진다

계절적으로는 환절기 방향은 중앙, 색상은 황색이 된다. 굳어지므로 고집스럽다는 의미와 중앙 중도의 의미를 같이 가지고 있다. 완벽한 숫자는 5와 10이다.

금(金)은 결실을 맺는 것으로 마무리의 의미를 가진다

계절은 가을이고 방향은 서쪽이며 서늘한 시기로, 색상은 흰색이다. 왜 흰색이냐고 묻는다면 열매를 쪼개고 씨앗을 쪼개보면 대부분 흰색임을 알 수 있을 거라고 생각한다. 숫자로는 4와 9이다.

	수	목	화	토	금
성격	근원	생명, 성장	왕성, 화려	근간, 굳어짐	결실, 마무리
계절	겨울	봄	여름	환절기	가을
일과	밤	아침	낮		저녁
방향	북	동	남	중앙	서
온도	차다	따뜻하다	덥다	변화	서늘함
색상	흑색	청(초록,파랑)	적색	황색	흰색
몸	혈액, 생식기, 신장	간, 신경계, 척추, 허리	심장	근육, 위장, 피부	폐, 뼈
직업	유통, 회계 법무, 판사 관리, 연구 카페, 물 계열	학문, 문서, 곡식, 식당, 빵집	열정적 연예계화류계 술장사	사업, 장사, 관리, 중재	군검경,의료, 헤어, 네일 페 션, 기계

2. 오행의 상생 상극

오행의 상생을 이야기할 때 수생목(水生木), 목생화(木生火), 화생토(火生土), 토생금(土生金), 금생수(金生水)를 이야기한다.

수가 목을 생하게 하고 목이 화를 생하게 하고 화가 토를 생하게 하고 토가 금을 생하게 하고 금이 수를 생하게 한다. 또는 수가 있어서 목이 있고 목이 있어 화가 되고 화가 있어 토가 되고 토가 있어 금이 되고 금이 있어 수가 된다고도 이야기한다.

행(行)이라는 것에 집중하여 다시 설명해보자. 모든 생명의 근원이 수(水)이고 수가 있어 생명인 목(木)이 되고 생명이 왕성해져서 화(火)가 되고 생명이 가장 왕성한 때를 지나 그 생명의 기운 모이게 되는 토(土)의 결실이 금(金)이 되어 다시 수(水)로 들어가 생명이 된다. 즉, 수가 희생하여 목이 되고 목이 희생하여 화가 되고 화가 희생하여 토가 되고 토가 희생하여 금이 되고 금이 희생하여 수가 된다. 이렇듯 다음 단계로 순환하는 것이다. 이 순환이 바로 생의 개념이다. 그래서 수는 목을 생하지만 목이 수를 생하지는 않는다. 즉, 봄, 여름, 가을, 겨울의 순으로 순행하지 겨울, 가을, 여름, 봄으로 역행하지는 않는 것이다. 물론 수생목으로 목이 수의 도움을 받으니 서로 좋아하는 것은 맞지만 목이 수를 생하게 하지는 않는 것이다.

오행의 상극 여기서 상생이 순행이니까 상극은 역행이라고 생각하시는 분이 있다면 떽! 상극도 순행이다. 단지 하나를 건너뛰는 순행이다. 수극화(水剋火), 화극금(火剋金), 금극목(金剋木), 목극토(木剋土), 토극수(土剋水)로 방향은 순행이다. 극이라는 것은 싸운다, 해친다는 것보다 제어 관리를 한다고 생각하는 것이 옳다. 수의 기운은 화를 제어하고 화는 금을 제어하고 금은 목을 제어하고 목은 토를 제어하고 토는 수의 기운을 제어하는 것이다. 이는 바로 조화를 내포하고 있는 것이다. 상생과 상극은 곧 자연의 순행뿐만 아니라 제어하여 조화를 이루는 자연의 법칙을 이야기하는 것이다.

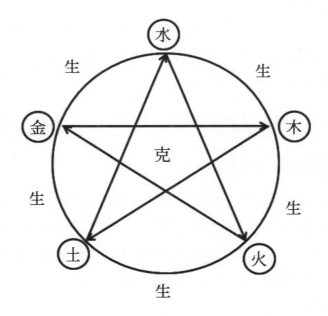

3. 10천간(天干)

오행의 기운을 음양으로 구분하면 10천간으로 하늘의 기운이자 근본이 되는 기운, 즉 처음부터 있었던 원류라고 생각하면 된다.

오행의 양간(陽干)은 갑목(甲木), 병화(丙火), 무토(戊土), 경금(庚金), 임수(壬水)이고 음간(陰干)은 을목(乙木), 정화(丁火), 기토(己土), 신금(辛金), 계수(癸水)이다.

양간은 일반적으로 동적으로, 공격적이며 적극성을 갖는 반면, 음간은 정적이고 방어적이며 소극적인 성격을 갖는다. 같은 오행이라고 해도 음양에 따라 성질이 다르다.

1) 甲木(갑목)의 성질

갑목은 뿌리가 깊은 거목으로 생각하면 된다. 성격은 올곧고 자기주장이 뚜렷한 사람이다. 뿌리가 깊은 만큼 생각이 깊고 자기 판단에 확신이 들기 전까지 자신을 드러내지 않는다. 허나 자신에게 확신을 가지면 손해가 나든 혹은 계획과 다른 결과가 생겨도 끝까지 타협하지 못하는 성격이기도 하다.

갑목이 너무 강하면 자기 고집이 세고 타협할 줄을 모르고 너무 약하면 끝까지 가지도 못할 고집을 피우고 바로 기가 죽어 버리는 성향을 가진다.

2) 乙木(을목)의 성질

을목은 새싹을 의미하며 풀을 생각하면 된다. 갑목처럼 강하지는 않으나 어느 곳에서나 살아남고 생존력이 좋은 성향을 가지고 있다. 겨울을 지나고 봄을 깨우는 것은 을목으로부터 시작이니 아무리 척박한 곳에서도 을목은 살아남는다고 보면 된다.

성격은 유연하고 상황에 따라 대처하는 처세술이 좋은 사람이다. 을목의 목표는 생존, 자기의 목표이지 그 길을 어디로 가야 하는지는 중요하지 않다. 즉, 어디로 가도 서울로만 가면 된다고 생각하는 사람이다.

을목이 너무 강하면 담쟁이 넝쿨처럼 이기적이고 개인주의적인 성향을 가지며 너무 여리면 내성적이고 수동적인 성향을 가진다.

3) 丙火(병화)의 성질

병화는 태양이 지구를 내려 비치는 모양이다. 다혈질이고 성질을 감추지 못하며 열정적이고 활동적인 성향을 가진다. 강하고 화통하며 자기감정을 속이지 못하는 성향이다.

병화가 너무 강하면 주위에 남는 것이 없을 정도로 주위에 신경을 쓰지 않으며, 약하면 금방 끓어올랐다가 금방 식어버리는 성향을 가진다. 때론 병화의 힘이 적으면 정화처럼 온화하다고 볼 수도 있다.

4) 丁火(정화)의 성질

정화는 태양이 지구를 달구어 땅에 스며든 화의 성질을 이야기한다. 저녁에 땅을 만져보면 따뜻함이 느껴지는 것이다.

성격은 온화하며 은근함과 끈기가 있다. 정화가 너무 강하면 화는 화인지라 욱하는 성질을 참지 못한다. 그리고 욱한다는 것은 병화처럼 다혈질이라는 것이 아니라 기본은 온화하고 착한 사람인데 속에 있는 화를 터뜨리는 사람으로 생각하면 된다. 정화가 너무 약하면 남의 이야기만 들어주고 수긍하는 사람으로 자기주장을 적극적으로 말하지 못하는 소극적인 사람이다.

5) 戊土(무토)의 성질

무토는 땅 위를 이야기한다. 그리고 토라는 성질 자체가 모이다 굳어진다는 의미를 가지고 있어서 고집이 있는 성향이다.

성격은 고집스러우면서 자기를 드러내는 대범한 사람이다. 대범하다는 것은 고집스럽기는 하나 다른 사람의 말도 귀 기울이고 받아들이는 성향이다.

무토가 너무 강하면 다른 사람에 말을 듣기는 하되, 자기주장으로 사람들을 이끌려는 성향이 강하며 고집스럽다. 무토가 너무 약하면 나를 표현은 잘하나 주장이 강하지 못하다.

6) 己土(기토)의 성질

기토는 땅속이다. 무토와 기토는 오행의 성질이 강하거나 약하기보다 양면이라고 보면 된다. 말 그대로 무토 아니면 기토이다.

성격이 고집스러우면서 자기를 전혀 드러내지 않는 성격을 가지고 있다. 좋은지 나쁜지를 표현하지 않는다. 즉, 깊게 생각하면서도 속을 표현하지 않는 사람이다. 토의 성향상 고집은 강해서 자기가 옳다고 생각하는 것을 바꾸지 않는다. 그래서 타협할 의사가 없기 때문에 옳고 그름을 굳이 따지지는 않아 모르는 사람이 봤을 때는 별말하지 않고 말을 잘 듣는 순한 사람이지만 잘 아는 사람이 봤을 때는 타협하지 않고 자기 고집만 있는 벽창호 같은 사람이다.

기토가 강하면 다른 사람과 대화를 하지 않고 자기만의 생각을 가지고 세상을 살아가며 대화나 타협을 꺼려 하는 성격이다. 기토가 약하면 우유부단하고 무슨 생각을 하는지 도통 모를 사람일 경우가 많다.

7) 庚金(경금)의 성질

경금은 열매이다. 자연의 흐름상 마무리하는 성향이다.

자기표현이 강하고 결론짓는 성향을 가지며 호불호가 강하며 즉흥적이고 직설적인 성격을 가지고 있다.

경금이 강하면 내가 말을 뱉는 순간 모든 일이 결정되며 타협을 하지 못하고 남을 이해하지를 못하는 성향을 가지고 있다. 융통성이 없어서 좋아 아님 싫어만 존재하는 사람이다. 경금이 약하면 즉흥적이기는 하나 극단적이지는 않아서 말은 독하게 할지언정 행동으로 옮기지는 못하는 성향을 가지고 있다.

8) 辛金(신금)의 성질

신금은 열매의 씨앗이다. 경금과 거의 비슷한 성향을 가지고 있으나 조금 더 결단적인 성질을 가지고 있다. 경금처럼 표현하지는 않고 마음 속으로만 결단하는 성향이다. 그러나 주머니 속의 송곳이 보이는 것처럼 남들이 이 사람의 결정을 모르는 것은 아니다.

신금이 강하면 의지가 너무 강해서 타협을 못하며 무슨 생각을 하는 지도 몰라서 같이 일하기 힘든 성향이다. 신금이 약하면 결단은 하나 그것을 드러내지 않고 주관이 변할 수도 있으므로 강하지 않다. 하지만 항상 자기 스스로 결단은 내리고 타협하지 못해 스트레스를 많이 받을 수도 있는 성격이다.

9) 壬水(임수)의 성질

임수는 물이 땅에 가득 찬다는 의미를 가지고 있다. 무엇이든 포용하고 받아들이는 성향을 가지고 있으며, 의견을 모으는 성향을 가지고 있다.

이해심이 많고 포용력이 있는 사람이다. 그러므로 자기주장이 강하기보다는 여러 사람의 의견을 취합하는 성향을 가지고 있다.

임수가 강하면 이해심은 넓으나 타인이 지켜야 하는 규칙이 있으며 그 규칙을 넘는 행동을 했을 때는 손해를 입더라도 용서하지 않는 성향을 가지고 있다. 전형적으로 평소에는 순하지만 화나면 무서운 사람이다. 임수가 약하면 독한 소리를 못하고 남들의 의견을 따르는 성향으로 우유부단하다.

10) 癸水(계수)의 성질

계수는 하늘에서 내리는 빗물이라는 뜻과 흐르는 물이라는 뜻을 가지고 있다. 남들과 잘 어울리는 성향이며 적을 만들지 않고 자기를 잘 표현하는 성향이다.

계수가 강하면 분위기를 주도하고 사람들과 잘 어울리는 성향을 가지고 있으며, 계수가 약하면 독한 소리를 못하고 물이 흘러가는 대로 따르는 성향이 있어 말 그대로 물에 물 탄 듯 술에 술 탄 듯하여 주관이 너무 약하다. 더욱이 좋은 게 좋은 거라고 해서 착한 사람 콤플렉스를 가지는 경우가 많다.

木		火		土		金		水	
甲	乙	丙	丁	戊	己	庚	辛	壬	癸
나무	새싹	태양	지열	땅 위	땅속	열매	씨앗	바다	비
굳건	유연	화려	온화	대범	소심	마감	마감	이해	친화

4. 12지지의 의미

12지지라는 것은 오행이 우리에게 실제적으로 작용하는 것으로 12달이며 계절을 의미한다. 봄이 寅卯辰 여름이 巳午未 가을이 申酉戌 겨울이 亥子丑으로 구분되어진다.

1) 자(子)의 의미

자는 자수(子水)라 하며 물의 의미를 가진다. 물이 가득하다는 의미를 가지고 있으며 겨울에 물이 땅에 스며들어 얼어있는 모양이다. 자수는 물이 가득 차 있어 모든 생명의 잉태를 의미이다. 그러므로 주위의 동물 중에 가장 번식력이 좋은 동물인 쥐로 표현한 것이다.

자(子)는 번식력이 강해 남녀 모두 성욕이 강하다. 또한 민첩하고 예지 능력이 있으나 의지력과 추진력이 약한 게 흠이다. 재능과 재치가 있어 문학 및 예체능에 능하다. 그러나 주색잡기에 빠질 우려가 있다.

2) 축(丑)의 의미

축은 축토(丑土)의 의미를 가지며 흙 속에서 물이 갈라지는 모양으로 봄을 준비하는 과정으로 땅에 물이 녹아 땅을 적신다는 의미를 가진다. 목(木) 또는 생명에 물을 공급해주어 생명을 싹틔우는 역할을 한다.

축(丑)은 부지런하고 성실하나 적극성이 결여되는 것이 단점이 있다.

3) 인(寅)의 의미

인은 인목(寅木)이라 하고 나무, 즉 생명의 의미를 가지며 물이 올라와 목(생명)이 자라게 하는 의미를 가지고 있으며, 겨울을 이겨 내고 봄이 시작하는 용맹을 의미하기에 호랑이로 표현된다.

호랑이는 지도자적 기질과 추진력이 좋으나 동분서주해 남의 인심을 잃거나 불신을 받을 우려가 있다.

4) 묘(卯)의 의미

묘는 묘목(卯木)이라 하고 생명이자 나무의 의미를 가지며 새싹이 피어나 초록이 장성할 때를 의미한다. 묘는 토끼 눈 모양이기도 하고 콩깍지가 열린 모양이기도, 봄이 되어 창문을 여는 모양이기도 하다.

토끼는 심성이 온화하고 착하며 인정이 많은 편이다. 그러나 추진력이 약하고 사치심이 있고 타의 유혹에 잘 넘어간다.

5) 진(辰)의 의미

진은 진토(辰土)라고 하며 환절기의 의미를 가지며 천둥 번개가 치는 모양으로 비와 바람 등 날씨가 수시로 변화한다는 의미이다. 그래서 풍운조화를 하는 신성한 동물로 용을 의미한다.

용은 모두 자존심과 고집이 강하고 우두머리 기질이 있다. 상상력이 지나쳐 망상에 빠질 우려가 있고 투기성이 지나쳐 곤경에 빠질 우려가 있다.

6) 사(巳)의 의미

사는 사화(巳火)라고 하며 화(火)의 시작이자 곧 여름을 시작하는 의미를 가지며 여름이 시작할 때 뱀이 고개를 드는 시기라고 하여 뱀으로 표현된다.

뱀은 깨끗하고 고상하며 문학을 좋아하며 정직한 성품을 지녔다. 사색을 즐겨 대인관계가 좋지 못한 경우가 많다. 권모술수가 뛰어나나 상대방에게 신뢰감이 부족한 게 흠이다.

7) 오(午)의 의미

오는 오화(午火)라 부르며 화의 의미를 가지며 절구의 모양이며 태양이 가운데 있는 모양이고 주위 동물 중에 가장 활달한 동물이자 가장 힘이 강한 동물인 말로 표현한다.

말은 활동성이 좋고 독립심이 강하다. 성격이 다혈질이라 이성간이나 대인관계에서 갈등이 야기되는 경우가 많은 게 흠이다. 그러나 진취적이고 적극적이며 지도자적인 성향도 가지고 있다.

8) 미(未)의 의미

미는 미토(未土)라 하며 토의 의미를 가지며 나무에 잎들이 풍성하게 피어오르는 의미를 가지며 양처럼 살이 풍성한 의미를 가진다.

양은 온순하나 이기심이 많아 힘들 때 같이 힘들고 좋을 때는 혼자 즐기는 성향도 가지고 있다. 은혜를 알아 의리가 깊으나 추진력이 부족한 것이 흠이다.

9) 신(申)의 의미

신은 신금(申金)이라 부르며 금(金)의 의미를 가지며 꽃에서 열매가 이루어진다는 의미를 가지며 자연의 흐름상 마무리를 의미한다. 열매를 가르는 모양으로 원숭이가 열매를 쪼개먹는 의미로 원숭이라고 한다.

원숭이는 머리가 좋고 예체능에 능하고 임기응변에 강하다. 그러나 재주가 지나쳐 타인과의 갈등이 자주 일어난다.

10) 유(酉)의 의미

유는 유금(酉金)으로 불리며 금(金)의 의미를 가지며 역시 열매의 의미로 열매를 모은다는 의미를 가지고 제사를 지내는 의미를 동시에 가진다. 닭을 가지고 제사를 지내는 의미가 있기에 닭으로 이야기한다.

酉는 남의 속박을 싫어하며 이기적인 면이 많아 종교적으로 뛰어나게 성공할 때가 많다. 그러나 이기적인 면이 지나쳐 직장 내에서 갈등이 야기될 때가 많다.

11) 술(戌)의 의미

술은 술토(戌土)라 부르며 토(土)의 의미를 가진다. 해가 지평선으로 지는 모양을 본떠서 만든 모양으로 유와 함께 제사의 의미를 가지고 있으며 옛날에는 개 역시 가축으로 기르고 제사 음식이었음을 알 수 있다.

충직하고 사회조직 내에서 융화를 잘한다. 또한 예체능에 소질이 있고 정력도 강한 편이다. 그러나 자존심도 지나치고 복수심이 지나친 면이 있다.

12) 해(亥)의 의미

해는 해수(亥水)라고 부르며 물(水)의 의미를 가지며 물이 흘러 들어와 차오른다는 의미를 가지며 역시 유와 술과 같이 제사의 지내는 의미로 제사 음식인 돼지를 의미한다. 또한 물이 모인다는 것은 생명의 의미로 번식력이 좋아 돼지를 의미하기도 한다.

돼지는 성정이 온화하고 신의가 있고 충실하며 책임감이 강하다. 그러나 대외 활동성이 부족한 게 흠이다.

12지지는 일 년 12달로 계절의 변화를 의미하고 12가지 동물들은 오행적인 의미와 계절적 의미로 복합 해석하여야 한다. 다시 말해 12가지 동물은 1년 12달의 원래의 의미를 쉽게 설명하기 위해서 동물을 비유한 것이지 동물 자체가 가지는 의미는 크지 않다고 보아야 한다.

5. 60갑자의 생성

(+)	(−)	(+)	(−)	(+)	(−)	(+)	(−)	(+)	(−)		
甲	乙	丙	丁	戊	己	庚	申	壬	癸		
子	丑	寅	卯	辰	巳	午	未	申	酉	戌	亥
(+)	(−)	(+)	(−)	(+)	(−)	(+)	(−)	(+)	(−)	(+)	(−)

일단 위의 표처럼 천간과 지지가 양과 음의 순서로 짝을 이루어서 60갑
자가 생성된다. 10천간과 12지지를 조합하게 되면 지지의 2개가 남게 된다.
남은 지지에서 다시 10천간의 조합이 계속되게 된다.

甲	乙	丙	丁	戊	己	庚	申	壬	癸
戌	亥	子	丑	寅	卯	辰	巳	午	未
甲	乙	丙	丁	戊	己	庚	申	壬	癸
申	酉	戌	亥	子	丑	寅	卯	辰	巳
甲	乙	丙	丁	戊	己	庚	申	壬	癸
午	未	申	酉	戌	亥	子	丑	寅	卯
甲	乙	丙	丁	戊	己	庚	申	壬	癸
辰	巳	午	未	申	酉	戌	亥	子	丑
甲	乙	丙	丁	戊	己	庚	申	壬	癸
寅	卯	辰	巳	午	未	申	酉	戌	亥

이런 순차로 계속 순환하게 되면 60갑자가 된다. 그래서 회갑 육갑이라는 말이 나오는 것이다. 60갑자는 양은 양끼리 음은 음끼리의 조합으로만 구성됨을 알 수 있다.

6. 60갑자 간지의 의미

1) 甲木 천간

甲은 나무의 뿌리이며 壬, 水를 안고 있어야 뿌리가 튼튼하다. 즉, 봄에 싹을 트기 위해 뿌리가 이미 겨울에 물기를 담고 있는 상태라야 甲목의 구실을 잘할 수 있다. 따라서 甲목은 지지가 亥나 子에 또한 戌에 뿌리를 내리기가 좋은 것이다.

甲목의 뿌리가 튼튼한 순서는 甲戌, 甲子가 가장 강하고 다음은 甲寅이고 가장 약한 것은 甲午, 甲辰, 甲申이 있다.

(1) 甲子(始生木 시생목)

아직 어린뿌리니, 욕심을 내지 말고, 착실한 실력을 길러야 하리라.

甲子 일주는 만물을 잉태시키는 역할을 한다. 따라서 만인을 이끌려는 기질이 있으며 급히 자라고 싶은 욕망이 강해 재물, 명예, 지위 등 모든 욕망이 지나치다 보니 일찍 고향을 떠나 동분서주하는 경우가 많으며 사주 구성이 안 좋은 경우는 대부분 실패로 나타난다. 또한 水가 지나치면 주색으로 망하는 경우가 많다. 甲子일주는 庚午일주와 상극이다.

(2) 甲戌(回生木 회생목)

비록 늙었지만, 智德(지덕)으로 積財(적재)하니, 과욕을 내지 말고 적선하며 웃고 살라.

甲戌 일주는 화기를 머금고 겨울을 대비한다는 뜻을 갖고 있다. 즉, 내년 봄을 대비해 겨울의 잠복기를 대비하는 뿌리라 인내심이 강하고 풍부한 감정이 있어 낭만을 즐길 줄 아는 성품을 지녔다. 용기도 있고 사려심도 깊으나 성격이 과격한 경향이 있어 남과의 분쟁 소지가 있다.

水를 좋아해 주색으로 망할 가능성을 내포한 일주이니 이 점을 항상 조심해야 한다. 庚辰 일주와는 상극이다.

(3) 甲寅(盛林木 성림목)

좌우 군을 얻었으니, 용기 있게 진행하라. 수하의 사람을 무시 말고 적소에 아껴두라.

甲寅 일주는 봄에 싹을 트는 형상이라 꿈이 크고 진리를 펴려는 기상이 뛰어나다. 난세를 헤쳐 나가는 기상이 있으며 위풍이 당당하다. 그러나 성품이 급하고 흉포한 면이 있어 난세에 고독해질 우려가 있다. 욕심을 버리고 도량을 넓히면 우두머리 자질이 있다. 庚申 일주와는 상극이다.

(4) 甲辰(發花木 발화목)

화려한 듯하지만, 미숙한 점이 많게 되니, 항상 윗사람에게 자문을 청하여 행하라.

甲辰은 꽃을 피우고 줄기를 만들기 위한 형상이라 용기가 넘치고 독립심이 강하다. 따라서 앞으로 나아갈 줄만 알았지 뒤로 물러서는 지혜가 부족하다. 또한 甲木의 뿌리는 힘을 못 쓰니 욕심은 많으나 취하기가 쉽지 않다. 거만하고 이기심과 독선이 지나쳐 주위와 분쟁이 뒤따를 우려가 있다. 庚戌 일주와 상극이다.

(5) 甲午(枯死木 고사목)

힘이 쇠퇴하였으니, 의지처를 찾아야 한다. 분수를 지키면서 고향에서 안정하라.

甲午는 나무의 열매와 꽃이 만발한 형국이다. 이상이 높고 창조적이고 개척정신이 뛰어나다. 그러나 甲木의 역할을 다해 성격이 급하고 융통성이 결여되는 문제점이 있다. 庚子 일주와 상극이다.

(6) 甲申(死角木 사각목)

비록 변했지만, 의리와 강건한 성품을 고수하고 욕심 없는 공직에 만족하고 살라.

庚申일주는 곡식이 열매를 맺고 겨울을 대비하는 甲木이다. 미래를 대비하는 지혜가 뛰어나며 변화와 개혁을 추구하는 성품이다. 그러나 개혁이 지나쳐 자기 분수를 잃어버리는 경우가 많고 남에게 인색한 면이 실패를 초래시킨다. 庚寅일주와 상극이다.

2) 乙木의 천간

乙木은 봄기운에 싹이 트는 초목이고 나무의 잎이 자라나는 형국을 말한다. 乙木이 피기 위해서는 온화한 물기인 癸水가 필요하고 동시에 丙火의 태양열이 있어야 잘 자랄 수 있는 것이다. 甲木은 땅 속에 뿌리를 내리는 음권이고 乙木은 땅 위에 줄기를 돋우는 양권에 속해 있다. 乙木 일간에는 乙巳, 乙未, 乙丑, 乙酉, 乙卯, 乙亥가 있는데 나무줄기가 잘 자라기 위해서는 丙火가 필요해 乙巳, 乙未 일주가 자기 힘이 가장 강하다. 乙卯, 乙丑은 보통이고 乙酉와 乙亥 일주가 자기 힘이 가장 미약하다. 즉, 亥월의 乙木은 힘을 쓸 수가 없다.

(1) 乙巳(開花草 개화초)

내외가 화려하나, 실속을 찾아야 하고, 藥手(약수)로써 만인을 구제하라.

乙巳를 개화초라고도 하는데 봄에 잎이 태양열을 받아 꽃이 개화하는 형국을 뜻한다. 꽃이 태양열을 만났으니 화려하고 예술적 감각이 뛰어나고 명랑해 타인의 사랑을 많이 받는 형상이다. 그러나 겉은 화려해도 실속이 없을 수 있으며 인정이 지나쳐 피해를 보는 경우가 많다. 辛亥 일주와는 상극이다.

(2) 乙未(茂盛草 무성초)

실리를 찾았으나, 투기는 금물이니, 침착한 계산으로 주변을 살피고 행하라.

乙未를 무성초라고 하며 나무줄기가 결실을 맺어 과실을 만들어 낸 형국이다. 乙未 일주는 과실을 안고 있으니 재물이 풍족한 형국이며 창의력이 뛰어나다. 그러나 지나치게 계산적이라 결단성이 부족해질 우려가 있고 행동보다 말이 앞서는 결점이 있다. 辛丑 일주와 상극이다.

(3) 乙卯(藤依草 등의초)

용기는 대단하지만, 의지처를 찾아야 하고, 속단하지 말고 인내력을 길러라.

乙卯는 등의초라고 하며 만물의 여린 새싹을 말한다. 乙卯는 성숙해지려는 기질이 강하며 미래에 대한 욕망이 크다. 미모에다 재능이 뛰어나며 순수함으로 많은 사람에게서 호감을 갖는다. 그러나 지나치게 앞서가려는 조급성이 있으며 마음이 여려 조그만 난관에도 좌절을 잘하는 경향이 있다. 사주 구성이 나쁘면 주색으로 망가질 우려가 있다. 辛酉 일주와 상극이다.

(4) 乙丑(麥田草 맥전초)

비록 寒地(한지)라도 지혜롭게 재물을 설계하나 욕심이 있어 과욕은 금물이다.

乙丑은 맥전초라고도 하는데 봄을 기다리는 새싹을 뜻한다. 즉, 고뇌 속에서 만물을 출산하려는 형국이다. 따라서 乙丑 일주는 의지력이 있어 미래에 대한 이상과 욕망이 강하다. 남에게 신세지기 싫어하고 독립심이 강하다. 그러나 인정이 많고 감상적이라 큰 난관에 좌절하기가 쉽다. 辛未 일주와 상극이다.

(5) 乙酉(霜逢草 상봉초)

風霜(풍상)을 만날 것을 항상 염두에 두고 마음의 안정으로 덕을 쌓아라.

乙酉는 상봉초라고도 하는데 연약한 새싹이 생명을 다해 다음 봄을 기다리는 형국이다. 乙酉 일주는 모진 풍파를 이기고 나온 노련한 지혜와 신명이 굳은 중후한 면을 지녔다. 지혜와 재능이 탁월해 위기 대처 능력이 뛰어나다. 그러나 성정이 너무 착해 좌절을 잘 하고 유혹에 잘 빠지는 경향이 있다. 辛卯 일주와 상극이다.

(6) 乙亥(浮萍草 부평초)

좋다할지언정 항상 애로가 따르고 남의 눈을 의식하여 예의에 소홀치 말라.

乙亥는 부평초라고 하는데 한 겨울의 물속에서 봄을 기다리는 나무줄기를 말한다. 성격이 급하고 빨리 싫증내는 경향이 있어 자존심을 죽이고 겸양하면 좋은 결실을 맺을 수 있다. 辛巳 일주와는 상극이다.

3) 丙火 천간

丙火는 태양으로써 陽의 대표이며 만물을 자라게 하는 힘을 갖고 있다. 丙火는 만물에 에너지를 주어 만물을 생성시키고 열매를 맺게 해주는 역할을 담당한다. 병화는 巳午未 火局으로 열기를 더 발휘하며 병 천간에는 丙午, 丙辰, 丙寅, 丙申, 丙戌, 丙子가 있는데 丙午가 가장 강렬한 태양으로 자기 힘이 가장 강하다.

丙火는 여름과 대낮에 자기 역할을 할 수 있지 겨울과 밤에는 힘을 발휘하지 못하기 때문이다.

(1) 丙午(炎天日 염천일)

호화스런 면모에 치중하여 실수를 유발할 수 있으니, 앞뒤를 잘 살피고 진행하여야 한다.

丙午는 가장 뜨거운 태양으로 염천(炎天)이라고 하는데 높은 이상과 도전적인 열정을 갖고 있다. 호화스러움을 좋아하고 남의 마음을 끄는 매력이 있다. 그러나 분수가 지나치고 낭비벽이 염려스럽다. 사주 구성이 안 좋으면 주색잡기로 망할 우려가 있다. 壬子 일주와 상극이다.

(2) 丙辰(癸光日 계광일)

자신만만하고 진취적 활동을 택하며, 수다스런 면모를 참으면 상당한 신망을 얻으리라.

丙辰은 계광일(癸光日)이라고도 하는데 봄에 싹이 트여 강렬한 태양을 받는 형상으로 태양이 자기 역할을 잘할 수 있는 상태이다.

병진 일주는 화술이 뛰어나고 당당해 일처리가 능수능란하다. 그러나 화술이 뛰어난 반면 싸우기를 좋아해 남과의 의견충돌이 심하며 질투심이 발하면 본인의 몸이 상하는 경우가 생긴다. 그러나 인내심을 발휘하면 큰 인물이 될 소지를 갖고 있다. 임술 일주와는 상극이다.

(3) 丙寅(海天日 해천일)

初光(초광)하니 자신에 쌓여있지만, 아직 미숙한 점이 많은 형상이며 절대 허욕을 금하라.

丙寅은 해철일(海天日)이라고도 하는데 이는 만물이 잉태되어 터져 나오는 형국이다. 따라서 불꽃같은 욕망을 지녔으며 주위의 도움을 많이 받는 형상이다. 丙寅 일주는 성격이 밝고 지모가 출중하고 솔직담백한 특성이 있다. 그러나 너무 앞서가는 기질로 실패할 우려가 많으니 허욕을 버리고 절제함이 필요하다. 壬申 일주와 상극이다.

(4) 丙申(老炎日 노염일)

외형은 변하고 있는 듯하지만, 실속은 가득하며, 이기적인 면모가 있으며 財利(재리)에 밝은 형상이다.

丙申은 노염(老炎)으로 해가 열매 맺는 일을 다 해 서산에 기우는 형국이다. 丙申 일주는 가을의 태양으로 은은하면서도 부드럽고 사려가 깊은 성품을 지녔으며 사주 구성이 좋으면 만인이 우러러 보는 성품이 성공한다. 그러나 화려함을 좋아해 색난으로 고통을 받을 우려가 있다. 壬寅 일주와는 상극이다.

(5) 丙戌(老陽日 노양일)

허무하게 놓쳤으니 앞날이 암담한 형상이나 고집을 버리고 자기 위치를 잘 파악하여야 한다.

병술은 노양(老陽)이라고도 하며 해가 서산에 지는 형국이다. 병술 일주는 화려하면서도 실속이 없으며 허세가 심하고 주색을 즐기려는 경향이 있다. 성질이 좀 급해 인내력이 부족한데, 참을성을 기르고 사려 깊이 행동하면 노후가 풍족하게 된다. 壬辰 일주와는 상극이다.

(6) 丙子(夜中日 야중일)

피로하지만, 기약한 앞날을 내다보고, 치밀한 계획을 설계하고 있는 형상이다.

丙子는 야중일(夜中日)이라고 하는데 한밤중의 태양으로 그 소임을 다하지 못하는 형국이다. 丙子 일주는 목소리가 좋고 힘이 있으며 언변이 뛰어나 많은 사람의 인기가 있으나 지나치면 주색에 빠질 우려가 있고 남녀 모두 생식기에 질병이 생길 우려가 있다. 겉보다는 내실을 다지고 실속을 차리는 인내가 필요하다. 壬午 일주와 상극이다.

4) 丁火 천간

丁火는 어두운 곳에서 불을 밝혀주는 불꽃으로 낮에는 丙火(태양)이라면 밤에는 丁火가 그 소임을 다한다. 丁火는 그늘지고 응달진 곳을 밝혀주고 인도해주는 성령과도 같은 불꽃이다.

丁일주에는 丁酉, 丁亥, 丁卯, 丁丑, 丁巳, 丁未가 있다.

(1) 丁酉(慾進月 욕진월)

바랐던 일, 성취하고 제반사가 순조롭다. 여유 있게 처신하라.

丁酉를 욕진(慾進)의 달(月) 또는 불빛이라고 하는데 예술적 감각이 뛰어난 불꽃이다. 丁酉는 성정이 온화하고 섬세하며 멋을 아는 성격이다. 약간 소극적이고 수동적이어서 남성적 기질에는 맞지 않으나 인내력을 기르면 대성할 수 있는 소질을 갖고 있다.

(2) 丁亥(情感月 정감월)

목적을 얻었으니, 모든 것이 내 것이나 꿈과 계획이 빨리 깰까 걱정이다.

丁亥를 정감 어린 달이라 하며 사려가 깊고 많은 사람에게 불빛을 인도해 주는 특성을 갖고 있다. 丁亥일주는 예의가 바르고 사려가 깊어 만인에게서 추앙받는 성품을 지녔다. 그러나 자존심이 지나치고 인내력이 부족한 게 흠이다. 癸巳일주와 상극이다.

(3) 丁卯(花逢月 화봉월)

기회는 있는 것 같으나, 항상 늦은 감이 있겠고 참는 중에 인정을 못 받는 형상이다.

丁卯는 화봉(花逢), 즉 꽃을 피울 준비를 하는 달(불꽃)이라고도 하는데 솟구치는 뜨거운 욕망을 갖고 있는 불꽃이다. 丁卯는 예지력이 있고 총명하다. 다만 내성적이고 미래를 동경하는 감상적인 면이 있어 적극성이 결여되는 단점이 있다. 癸酉일주와 상극이다.

(4) 丁丑(變化月 변화월)

목적을 다 했으니, 별수 없는 변동인데, 주변은 시끄럽고, 방향 없는 거처로다.

丁丑은 변화를 준비하는 달(불꽃)이라고도 하며 이상과 목표를 향한 집념이 강하고 변화를 추구하는 성품을 지녔다. 너무 많은 일을 벌려 실속이 없는 경향이 있고 인덕이 없을 수 있다. 癸未일주와 상극이다.

(5) 丁未(抱容月 포용월)

계획은 잘 세워도 변동할 일이 너무 많고, 할일은 많이 하나 대우가 없도다.

丁未는 포용하는 월(불꽃)이라 하며 인정이 많고 사고력이 뛰어난 불꽃이다, 베풀기를 좋아해 실속이 없을 수 있으며 이상과 현실로 고민을 할 우려가 있다. 癸丑일주와 상극이다.

(6) 丁巳(無果花 무과화)

남 보기 좋을망정 한낮의 꿈과 같고, 석연치 못한 日月이 마음을 어지럽힌다.

丁巳는 무화월(無花月)이라 하는데 한낮의 불꽃이라 丁火의 제 기능이 발휘되지 못하는 불꽃이다. 丁巳는 화려함을 좋아하고 활동적이나 실속이 없는 경향이 있다. 성정이 바르고 예의가 있으며 집념이 강하나 실속이 없으면서 허세를 부린다. 癸亥일주와 상극이다.

5) 戊土 천간

戊土는 지상의 만물을 표출시키는 흙으로 지상의 표면 土이다. 대지에 태양열을 받아 만물을 소생시키며 만물을 포용하는 대지이다. 戊土는 丙, 火가 같이 있기를 좋아하며 꽃을 피워 과실을 맺게 하는 매개체이다. 戊 천간에는 戊午, 戊辰, 戊申, 戊戌, 戊子, 戊寅이 있다.

(1) 戊午(炎火山 염화산)

확장은 하였으나 뒷감당이 문제로다. 장담하고 다된 일에 뒷소리가 따른다.

戊午를 염화지(炎火地)라고도 하는데 열기가 강한 대지로 정열적이고 중후한 성품을 지녔다. 그러나 열기가 지나쳐 인색한 면이 있고 융통성이 결여된 단점이 있다. 지나친 이기심이 발동하여 본인을 극할 우려가 있다. 壬子와 甲子일주와 상극이다.

(2) 戊辰(盛林山 성림산)

꿈도 많고 설계도 좋으니, 자신을 갖고 진행하나 말이 많은 결점을 보완하며 大事(대사)를 성취하리라.

戊辰은 성림산(盛林山)이라고도 하는데 산에 나무가 무성한 형국이다. 戊辰은 용모가 수려하고 믿음성이 있다. 이상과 포부가 크고 대범한 경향이 있으나 조급하고 거친 단점이 있다.

甲戌이나 壬戌일주와 상극이다.

(3) 戊申(老壯山 노장산)

시기를 잃게 되니 내실을 정비하고, 욕심은 좋지만은 親近間(친근간)에 말이 많다.

戊申은 노장산(老壯山)이라고도 하는데 산에 과실이 그득하고 완성된 형상이다.

戊申은 창의력이 있으며 의지력이 강하면서도 조심성이 있다. 또한 부지런해 나들이를 좋아한다. 그러나 욕망이 지나쳐 배우자를 극하고 주색에 빠질 우려가 있다. 甲寅이나 壬寅일주와 상극이다.

(4) 戊寅(生氣山 생기산)

氣는 있으나 아직 진행하기는 시기상조다. 자신을 돌이켜 내실을 점검해보라.

戊寅은 생기가 시작되는 대지이며 기백이 넘치는 형국이다. 戊寅은 의욕이 넘치고 고집이 세다. 중후한 면이 있으나 위선적인 면도 있으며 이기심이 지나쳐 과욕이 화를 부른다. 壬申이나 甲申일주와 상극이다.

(5) 戊戌(敗鑛山 패광산)

재기를 바라며 노고가 많겠으니, 작게나마 관리를 잘해서 小安(소안)을 꾀하라.

戊戌은 서산에 해가 지는 대지로 만물을 죽음으로 끌고 가서 감추려 하는 형국이다. 戊戌은 부지런히 재물을 모으려는 형국이며 영감이 뛰어나고 총명하다. 그러나 성질이 급하고 거만하며 독선적인 성격이 나타날 우려가 있다. 이 점을 주의하면 성공할 수 있다. 壬辰이나 甲辰일주와 상극이다.

(6) 戊子(雪服土 설복토)

보기는 좋을 듯하지만 실속이 없으며 매사가 潛藏(잠장)해서 할일을 못하고 있는 형상이다.

戊子는 한겨울의 대지로 만물을 잉태하는 시기의 대지이다. 戊子는 새로운 것을 자꾸 만들어 내려 하고 욕망이 커서 가정보다는 밖에서 일에 더 열심인 경향이 있다. 戊子는 이재에 밝고 개척정신이 뛰어나지만 지나친 허욕으로 좌절할 수 있다. 壬午와 甲午일주와 상극이다.

6) 己土 천간

己土는 음토(陰土)로 땅속으로 토를 뜻하는 것이며 丁火의 열기를 땅 아래에 감춰 겨울에 토양이 얼지 않게 하는 기름진 토양 역할을 한다. 만물은 기름진 흙 속에서 소생되니 己土가 이런 역할을 담당하는 것이다. 己土는 丁火가 같이 있음으로써 기름진 토양이 되며 甲木이 뿌리를 내릴 수 있게 해준다. 己천간에는 己酉, 己亥, 己丑, 己卯, 己巳, 己未가 있다.

(1) 己酉(眞沃土 진옥토)

목적이 뚜렷하니 협조자가 있고 가을동산에 만곡이 풍요하다.

己酉는 가을 土로 만곡이 풍부한 기름진 토양을 갖는 형국이다. 己酉는 만물이 완성되어 가는 형상이라 예술적 감각이 뛰어나고 총명하여 예술적인 면이나 학문적으로 성공할 수 있는 소질을 타고났다. 성정이 온순하고 예의가 바르고 인덕이 있다. 乙卯나 癸卯일주와 상극이다.

(2) 己亥(滿載土 만재토)

화합된 세력이 헛되질 않았도다. 오늘의 기쁨이 萬世하고 永祿(영록)하리라.

己亥는 겨울의 아늑한 土로써 만물을 감싸 안는 형국이다. 만물을 형성하는 기름진 영양토로 진취적이고 호기심이 가득하다. 성격이 밝고 깨끗하나 깊은 속내를 드러내지 않는 경향이 있으며 낭만적인 특성이 있다. 乙巳나 癸巳일주와 상극이다.

(3) 己卯(發芽土 발아토)

욕심 있어 나왔으나, 잡생각이 너무 많고 할 일은 많으나 주변이 시끄럽다.

己卯는 봄에 새싹을 트이는 토양으로 자만심이 가득하고 위로 솟구치려는 기질이 강하다.

己卯는 지기 싫어하고 반항기가 심하며 자만심이 지나쳐 겸손하지 못한 경향이 있다.

인내력과 겸손함을 몸에 익힌다면 성공할 수 있으며 남녀 모두 바람기가 동하면 패가망신한다. 乙酉일주와 癸酉일주와는 상극이다.

(4) 己丑(陰藏土 음장토)

구상은 좋으나, 장애물이 많고 답답한 속마음을 그 누가 알리오.

己丑는 음장토(陰藏土)라고도 하는데 한겨울에 만물을 보호하는 토양이다. 己丑은 만물을 완성시키기 위한 기질이 있고 성실함이 뛰어나다. 그러나 의타적이고 소심하고 수동적이어서 활동성이 부족한 게 흠이다. 乙未일주나 癸未일주와 상극이다.

(5) 己巳(鬱火土 울화토)

불안한 기대 속에 세월만 탄식하며 얻었던 재물은 춘산에 눈 녹는 듯한 형상.

己巳는 한여름에 속살이 드러난 토양으로 토양이 메말라 그 소임을 다 하지 못하고 있다. 己巳는 겉은 화려하고 실속이 없으나 감정이 풍부해 예체능에 조예가 깊다. 말을 잘하고 인덕은 있으나 경솔한 면이 있다. 乙亥일주나 癸亥일주와 상극이다.

(6) 己未(胎熱土 태열토)

답답하기 한량없고 계획조차 어렵구나. 짝 잃은 기러기가 갈 방위를 못 잡는도다.

己未는 태열토(胎熱土)라고도 하는데 만물이 무르익어 토양이 기름진 土이다. 己未는 아직 때가 이르지 않았는데 기름지기를 원해 조급하고 고집스러운 경향이 있다. 타인에게 봉사하는 자세로 산다면 평생이 순탄하다. 乙丑일주와 癸丑일주와 상극이다.

7) 庚金 천간

庚金은 태양열을 받아 만물이 열매를 맺어 결실을 맺는 상태로 다음 세대를 위해 맺어진 열매를 말한다. 庚金은 태양열(丙火)에 의해 태어나고 성장하였던 만물의 에너지가 모이고 굳어지면서 열매가 맺히며 다음을 위해 준비되는 특성을 갖는다. 庚 일간에는 庚申, 庚午, 庚辰, 庚戌, 庚子, 庚寅이 있다.

(1) 庚申(剛伸金 강신금)

목적을 이루고 제반사를 쥐었으니, 성급하게 단정하지 말라.

庚 일주 중 庚申이 가장 강하며 만물이 가을에 강하게 굳어진 형국이다. 庚申은 고집스럽고 계략이 뛰어나며 대장부적인 기질이 있다. 그러나 역마성이 강해 방랑기가 있어 부부 생활이 순탄치 못할 우려가 있다. 甲寅일주와 상극이다.

(2) 庚午(慾望金 욕망금)

화려한 무대 속에 즐거움이 상존하는 것은 아니니, 내실을 찾아야 하리라.

庚午는 욕망이 뛰어난 金으로 일의 추진력이 뛰어나다. 언변이 좋고 능수능란한 처세술이 있으며 경우가 밝고 일처리가 뛰어나 만인에게서 호감을 갖는다. 욕망이 지나치게 강해 주색에 빠질 우려가 있어 이 점만 조심하면 실패는 없을 것이다. 甲子일주와 상극이다.

(3) 庚辰(發進金 발진금)

진행은 대단하고, 용기는 天沖(천충)하나 부하 관리를 잘하여야 하리라.

庚辰은 새롭게 잉태되고 발전하는 金이며 웅지가 크고 자부심이 대단하다. 겉으로는 부드럽고 온화해도 속은 강하며 용기가 뛰어나다. 뛰어난 언변과 지혜를 갖추었으니 인내하고 아량을 기르면 만인에게서 존경을 받을 수 있다. 甲戌일주와 상극이다.

(4) 庚寅(交態金 교태금)

계획은 좋지만은 시기상조에 불과하고, 많은 사람과 어울리는 사교성은 자랑한다.

庚寅은 새로운 싹이 나오기 위해 열매가 벌어지기 위한 초기로 때가 너무 이른 감이 있다. 성격이 서두르며 출세욕이 지나쳐 포악해질 우려가 있으니 이 점을 고치면 자수성가로 성공할 수 있다. 甲申일주와 상극이다.

(5) 庚戌(收藏金 수장금)

창고 속의 금은보화 쥐 먹을까 걱정 말고, 건강에 주의하고 실속을 차려라.

庚戌은 창고 속의 금으로 때를 기다리는 형국이다. 庚戌은 고독한 심성이 있으며 문장력도 있고 용감한 기질도 겸비하였다. 용감하지만 우유부단한 면도 있으며 질투심이 화가 된다. 甲辰일주와 상극이다.

(6) 庚子(退色金 퇴색금)

마음은 젊었으나 늙은 도끼에 지나지 않고, 언변은 장담하나 행실이 따라주지 못한다.

庚子는 퇴색하는 金으로 겨울에 물에 잠겨있는 형국이다. 金이 물을 만났으니 총기가 뛰어나고 예체능계에 능력이 뛰어나다. 피부가 맑고 깨끗하고 목소리가 예쁘고 성격이 솔직담백하다. 현실보다는 이상을 동경하는 면이 강하다. 甲午일주와 상극이다.

8) 辛金 천간

辛金은 庚金의 열매 속의 씨앗으로 종자를 뜻한다. 종자는 다음 세대를 이어가는 근본이다. 종자는 봄에 파종해 가을에 열매를 맺게 하고 다시 종자가 되는 재생의 역학을 한다. 종자는 봄에 파종하는 씨앗도 있으나 가을에 파종하는 씨앗도 있다. 즉, 辰월 이후에 대생한 辛金은 봄에 파종하는 씨앗이라 따뜻한 丙火가 필요하다. 그러나 겨울에 파종하는 씨앗, 즉 戌월 이후 출생하는 辛金은 음권의 따뜻한 丁火가 필요하다. 즉, 음권의 기운이 필요하다. 따라서 辛金은 음권과 양권을 갖고 있는데 辰월 이후 출생은 양권으로, 戌월 이후 출생은 음권으로 보고 파악해야 한다. 辛金 천간으로는 辛丑, 辛卯, 辛酉, 辛亥, 辛未, 辛巳 일주가 있다.

(1) 辛丑(陰眞玉 음진옥)

淸秀(청수)하게 늙었으니, 영원명성 얻으리라.

辛丑는 은둔하는 玉이라고도 하는데 호기심이 많고 동경하는 사색가의 성품을 지녔다. 비판하는 두뇌를 학문이나 예술에 활용하면 크게 명성을 얻을 수 있다. 乙未일주와 상극이고 丁未일주도 안 좋다.

(2) 辛卯(梅花玉 매화옥)

실행보다 이론에 치우치기 쉬우니, 三思一言(삼사일언)하고, 三考一行(삼고일행)하라.

辛卯는 매화옥(梅花玉)이라고도 하는데 싹이 트기 위해 바쁘게 움직이며 솔직담백하나 변덕이 심하며 신경이 날카롭다. 그러나 집념이 강해 성공 가능성이 크며 개척정신이 뛰어나다. 사주에 水가 많으면 바람기가 심하며 남자의 경우 본부인보다 첩을 더 사랑하는 경우가 많다. 乙酉일주와 상극이다.

(3) 辛酉(光明玉 광명옥)

　광명을 얻었으니, 서두를 필요가 없으며 외형은 만족하나, 手足(수족)에 방심 말라.

　辛酉는 빛나는 보석으로 광명옥(光明玉)이라고도 한다. 辛酉는 깨끗함을 좋아하여 예술적 감각이 뛰어나다. 情과 恨이 동시에 많으며 세상을 한탄하는 경우가 많으나 정의롭고 의협심이 강하다. 예술적 감각을 살려 예체능계에서 성공할 수 있다. 乙卯일주와 상극이다.

(4) 辛亥(洗金玉 세금옥)

　소망성취하였으니, 경거망동하지 말고, 겸허한 행동으로 만인앙시 받으라.

　辛亥는 겨울 물속에 숨어있는 玉으로 성품이 맑고 깨끗하며 따뜻한 정을 지녔다. 그러나 고독한 심성이 있으며 신경이 날카롭다. 머리는 총명하며 다재다능한 성격을 갖고 있다. 乙巳일주와 상극이며 丁巳일주도 안 좋다.

(5) 辛未(火中玉 화중옥)

　기회를 잃었으니, 시기를 기다리고 불반에 헌공하고 家道(가도)에 深考(심고)하라.

　辛未는 열매가 맺어지는 玉으로 인정이 많고 착하나 고집이 강하다.

마음이 불안해 변동을 자주하려는 경향이 심하며 수행심이 필요하다. 마음을 편안히 갖고 수행하면 자기 분야에서 늦게 명성을 얻는다. 乙丑 일주와 상극이다.

(6) 辛巳(變化玉 변화옥)

외로움은 천명이니, 修身(수신)하여 齊家(제가)하고, 과욕으로 敗財(패재)하니, 小得(소득)에 안심하라.

辛巳는 여름의 빛나는 玉으로 자신을 뽐내려는 기질이 강하다. 화려하고 낙천적인 성격이며 부지런하다. 급한 성격을 다스리면 늦게 성공한다. 乙亥일주와 상극이다.

9) 壬水 천간

壬水는 만물을 탄생시키는 근원으로 음권의 중심이다. 겨울에 땅속에 물을 가득 채워 봄의 만물이 탄생하여 성장하도록 밑거름이 되는 물이다.

壬水는 亥에서 건록이 되니 꽉 찬 물로써 甲木의 기초가 된다. 壬水는 亥, 子, 丑의 水局에서 기반이 튼튼하며 지혜를 주는 물이다. 壬 일주에는 壬子, 壬戌, 壬寅, 壬辰, 壬午, 壬申 일주가 있다.

(1) 壬子(洪水湖 홍수호)

욕심대로 채웠으니 둑이 터질까 걱정이요, 流失(유실)이 우려되니 내실을 기하여야 한다.

壬子는 꽉 찬 물로 홍수호(洪水湖)라고도 하며 지혜와 재능이 뛰어나고 의욕적인 추진력이 있으며 정복욕이 강하다. 그러나 시기나 질투심이 지나치며 조급한 성격이다. 丙午일주와 상극이다.

(2) 壬戌(源泉湖 원천호)

물줄기를 얻었으니, 항상 풍요함이 따른다. 옛일을 생각 말고 우선 문제에 신경 쓰라.

壬戌은 물의 원천이며 인정이 많고 호기심과 영감이 뛰어나며 덕을 베풀 줄 아는 성품이라 거부의 기질을 갖고 있다. 그러나 성품이 괴팍한 면이 있고 이기심이 발동하면 지나치게 독한 면이 있다. 丙辰일주와 상극이다.

(3) 壬寅(春情湖 춘정호)

마음은 중후하고 인정이 많으나, 외부의 시끄러움이 정신을 산란케 하는구나.

壬寅은 봄을 기다리는 춘정호(春情湖)라고 하며 만물을 잉태시키는 계절의 물로 처세술이 뛰어나고 기상이 굳고 의지력이 대단하다. 부지런

한 면도 있으나 이기적인 면이 지나치고 성격이 급한 면이 있다. 丙申일
주와 상극이다.

(4) 壬辰(濁水湖 탁수호)

흔들린 살림살이 내외가 소란하고, 임기응변 좋을망정 원대한 깊은
계획이 없다.

壬辰은 물이 올라오는 탁수호(濁水湖)라고도 하는데 위엄이 있고 신념
이 강하고 고집이 세고 도량이 있다. 결단력과 지혜로우나 자만심이 지
나쳐 화가 미칠까 두렵다. 丙戌일주와 상극이다.

(5) 壬午(變色湖 변색호)

모든 것을 잃는 형상이니, 욕심밖에 없구나, 마음의 중심을 잘 잡으라.
壬午는 한여름의 물로 변색호(變色湖)라고도 하며 마음이 항상 바쁘고
허영심이 지나치다. 자존심이 강하고 지혜와 언변이 뛰어나 복록을 갖
추었으나 간교함이 병이다. 丙子일주와 상극이다.

(6) 壬申(源始湖 원시호)

생기는 돌아왔으나, 아직 시기상조로다. 이중의 갈등 속에 우선 모면
만 하지마라.

壬申은 물이 생성되는 원시호(源始湖)로 예술적 감각이 뛰어나고 임기응변의 재치가 있으며 능수능란하다. 그러나 간교해지면 모든 것을 잃어버릴 수가 있다. 丙寅일주와 상극이다.

10) 癸水 천간

癸水는 겨울의 물이 봄이 되어 만물을 생성시키기 위해 지상으로 올라오는 물이다. 따라서 癸水는 乙木의 원천이며 계수로써 모든 초목이 자랄 수 있는 것이다. 계수는 진월에서부터 그 기능이 발휘되며 양권의 시작이라 하겠다. 癸 일주는에 癸巳, 癸卯, 癸未, 癸酉, 癸亥, 癸丑 일주가 있다.

(1) 癸巳(生動雨 생동우)

요행과 기회를 쌍전하고 계획대로 進行하나 돌발적인 사고를 유의하라.

癸巳는 꽃이 피는 생동하는 시기로 생동우(生動雨)라고도 하는데 부드러우면서도 지혜롭고 이해심이 많다. 부지런하나 조급한 게 병이다. 丁亥 일주와 상극이다.

(2) 癸卯(始動雨 시동우)

始動(시동)의 일보에서 百事(백사)를 참여해서 너무 急進(급진)할까 두렵다.

癸卯는 겨울에서 봄으로 춘동(춘동)하는 시기로 시동우(始動雨)라고도 하며 총명하고 진취적인 성품을 지녔다. 욕심이 지나치면 패가망신할 우려가 있으며 색정이 발동해 스스로 몸을 망칠 우려가 있다. 丁酉 일주와 상극이다.

(3) 癸未(甘露雨 감로우)

急進(급진)을 자랑 말고, 깊은 사고가 필요하며, 내실을 잘 다져야 한다.

癸未는 가을의 열매가 맺혀지는 시기로 곡식을 여물게 해주는 雨이다. 위기 대처능력의 지혜와 참을성이 있다. 그러나 고집이 강하여 한 가지 일에 매달리면 끝장을 보는 성격이나 상대방을 깔보는 경향이 있다. 丁丑 일주와 상극이다.

(4) 癸酉(敗穀雨 패곡우)

雨露(우로)가 변화해 만물이 不要(불요)하니, 노력하고 성취욕이 강해 心相에 忍字다.

癸酉는 가을의 비로 소임을 다한 雨이다. 고독한 심정을 갖고 있으나 끈기가 있으며 성취욕이 강하다. 예술성과 문학성이 뛰어나 예체능으로 성공할 수 있다. 丁卯 일주와 상극이다.

(5) 癸亥(破生雨 파생우)

큰 것은 잃고 작은 것을 얻는 격이니 전생의 업보로 돌려라.

癸亥는 겨울의 비로 소임을 다한 물이다. 천재적인 지혜와 용기가 있으며 마음이 고요하다. 그러나 때를 만나면 과격해지는 경향이 있어 침착함이 필요하다. 丁巳 일주와 상극이다.

(6) 癸丑(靜中雨 정중우)

정중에서 동하고 있으나, 아직 시기상조요, 지혜는 있으나, 용기는 미숙하다.

癸丑은 때를 기다리는 雨로 시기를 만나면 격정이 일어나는 雨이다. 계산이 능숙하고 종교적 심성이 깊고 인정이 많다. 성격이 급한 면이 있으면서 배타적인 경향이 있다. 丁未 일주와 상극이다.

이상 천간 기준으로 60갑자의 성격을 연구하였는데 이는 어디까지나 일반적인 내용이며 사람의 운명은 사주팔자 전부의 구성을 보고 결정해야 한다. 또한 매년 오는 세운이 중요하니 매년 운이 좋냐 나쁘냐는 사주 전체를 보고 판단해야 한다. 일주 하나만으로 사람의 성향을 판단해서는 안 되며 사주 전체의 조화를 보고 판단해야 한다. 다만 일주의 성격과 자기 성향만을 참고하면 된다.

7. 10천간의 충, 합

충일 때는 동일한 음은 음과 양은 양과 충하고 합일 때는 음양이 만나 합한다. 즉, 동일한 음양은 다투고 다른 음양은 잘 맞는다고 보면 된다.

천간의 剋(극) 7번째는 반드시 충, 칠살이라 한다.

금	剋	목		수	剋	화
庚(+)	剋	甲(+)		壬(+)	剋	丙(+)
辛(−)	剋	乙(−)		癸(−)	剋	丁(−)

토(土)인 戊己는 중앙이라서 충극이 없다.

천간의 合(합) (6번째는 합) → 1 + 5 = 6

甲己 合 土 기능(나무가 흙에 묻힌다) = 중정지합

乙庚 合 金 기능(새싹이 열매를 맺는다) = 인의지합

丙辛 合 水 기능(씨앗이 녹아 물이 된다) = 위엄지합

丁壬 合 木 기능(물이 따뜻해지며 생명이 생긴다) = 인수지합

戊癸 合 火 기능(땅에 물이 깃들면 강성해진다) = 무정지합

1	2	3	4	5	6	7	8	9	0
甲	乙	丙	丁	戊	己	庚	辛	壬	癸

6번째인 甲己는 合土 이고 7번째인 甲庚은 沖이다.

8. 12지지의 충, 합

子(수)午(화)沖(충) ⇒ 桃花(도화)충: 화려함으로 문제

卯(목)酉(금)沖(충)

寅(목)申(금)沖(충) ⇒ 驛馬(역마)충: 활발해서 문제

巳(화)亥(수)沖(충)

辰(토)戌(토)沖(충) ⇒ 華蓋(화개)충: 중도기반의 붕괴

丑(토)未(토)沖(충)

지지의 합(육합)

子丑合토: 물이 흙에 스며들어 흙이 되니 土가 된다.

寅亥合목: 큰 나무에 물이 흘러오니 나무가 잘 자란다.

卯戌合화: 메마른 땅에 나무를 비비면 불꽃이 생기게 된다.

辰酉合금: 기름진 땅에 열매를 심으면 열매가 잘 자란다.

巳申合수: 태양열이 금을 녹여 물이 되니 수가 된다.

午未合무성: 여름 불꽃인 화가 땅에 비치니 뜨겁다.

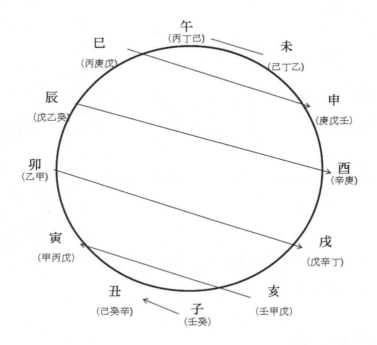

9. 삼합(三合), 반합(半合)

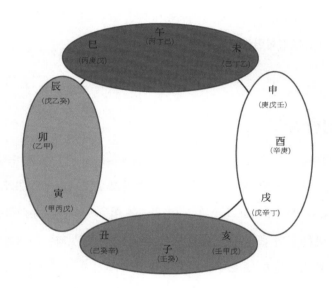

1) 방위합(方合), 계절합

방합이란 같은 방향이나 계절을 표시하는 3가지 오행이 합하는 경우를 뜻한다. 즉, 亥월 子월 丑월은 겨울을 표시하며 북쪽으로 水局을 이루는 것이다. 음력 10월 11월 12월은 겨울이고 물의 계절인데 사주에 亥子丑이 모두 있다면 亥子丑은 북쪽 방위로 水局이고 이를 방위합이라 한다. 寅월 卯월 辰월은 봄이요 동쪽이며 木의 계절이다. 따라서 寅卯辰이

모이면 동쪽으로 木局을 표시한다. 巳월 午월 未월은 여름으로 화(火)를 뜻한다. 巳午未가 모이면 남쪽으로 火局이 된다. 申월 酉월 戌월은 가을로 金의 계절이다. 申酉戌이 모이면 서쪽이고 金局이 된다.

표에서 보듯이 계절에 따라 겨울은 水局이고 봄은 木局이고 여름은 火局이고 가을은 金局으로 표시하는데 이를 방위합(方位合) 또는 방합이라고 하고 계절합이라고도 한다.

2) 삼합(三合)

삼합이란 3개의 지지가 서로 합하는 작용이다. 12 지지는 봄, 여름, 가을, 겨울의 사계절이면서 목, 화, 토, 금, 수의 오행을 나타내는데, 오행은 계절에 따라 생성되고 소멸된다. 이 원리를 이용하여 합을 분석하는 것이다. 예를 들면 물(水)은 겨울의 오행이지만 물이 생성되는 시기는 여름장마 후 가을에 땅 속으로 스며들면서 물이 생성되는 것이다. 즉, 申월(음력 7월)부터 물이 땅 속에 스며들어 이때부터 물이 땅에 모여들게 되며 子월(음력 11월)이 되면 땅속에 물이 가득 찬다. 辰월(음력 3월)이 되면 물이 식물의 영양분으로 전부 소모되는 것이다. 그러면 물(水)은 申월에 시작해서 子월에 왕성하고 辰월에 소멸된다고 볼 수 있다. 따라서 12지지 중 申子辰이 만나면 물의 생 왕 소멸을 알 수 있다. 그러므로 申子辰은 水局으로 삼합인 것이다.

또한 12지지는 하루를 뜻하기도 한다. 이 원리를 이용하여 합을 분석하는 것이다. 대표적인 예로 불(火)은 태양으로 해가 뜨는 시기는 寅시로 밤이 다 가고 태양의 기운이 시작되는(생) 寅시(새벽 3시~5시)이고 午시(낮 11시~1시)이 되면 태양이 가장 강성하여 화(火)의 왕이고 戌시(오후 7시~9시)이 되면 해가 서산으로 지면서 화의 기운을 다 소모되는 소멸인 것이다. 그러므로 화(火)는 寅시에 시작해서 午시에 왕성하고 戌시에 소멸된다고 볼 수 있다. 따라서 12지지 중 寅午戌이 만나면 불의 생성 왕성 소멸을 알 수 있다. 그러므로 寅午戌은 火局으로 삼합인 것이다.

1) 申子辰의 삼합은 水局이다

결국 물의 생성과 왕성 소멸을 뜻하는 것이며 申子辰의 3지지가 합하면 물을 말해주는 것이 된다. 이때 子가 물이 가장 왕성한 달이 되니 子가 물의 중심이 되는 것이다.

2) 亥卯未 삼합은 木局이다

목(木)는 10월(亥월)에 땅속에서 물의 기운을 받아 봄을 기다린다. 음력 2월(卯월)이 되면 싹을 트고 나무가 자란다. 성장 왕성한 계절이 된다. 6월(未월)이 되면 꽃이 시들고 열매를 맺으면서 목의 역할인 자라남을 다한다. 亥월에 시작해서 卯월에 왕성하고 未월이 되면 소멸한다.

3) 寅午戌의 삼합은 火局이다

화(火)는 태양이자 강성한 힘를 뜻한다. 봄의 시작인 1월(寅월)에서부터 화의 역할로 만물에게 에너지를 주며 5월(午월)이 되면 만물이 왕성할 때를 의미하고 9월(戌월)이 되면 모든 에너지가 소멸된다. 따라서 화의 시작은 寅월이고 가장 왕성해지는 것은 午월 그 힘을 다하는 것은 戌월이 된다. 寅午戌은 火를 상징하는 것이며 火의 중심은 午이고 12지지 중에 가장 왕성한 에너지를 가지고 있는 말로서 그 의미를 한다.

4) 巳酉丑의 삼합은 金局이다

모든 생명의 마무리 결실을 의미하는 것은 金이다. 4월(巳월)에 열매를 맺음으로서 생성되기 시작하며 8월(酉월)에 되면 드디어 결실을 맺으며 12월(丑월)에 그 힘을 다하여 새싹을 피우게 한다. 따라서 巳酉丑은 金의 생성과 왕성 소멸을 이야기하며 金의 중심은 酉이다.

삼합은 수, 목, 화, 금, 생, 왕 소멸에 따라 12지지(달) 중 3지지(달)를 합한 것으로 인간뿐 아니라 자연의 순리법칙에 따른 것이며 중요한 내용이다. 이것을 이해함으로써 사주를 올바르게 해석하고 이해할 수 있는 것이다.

3) 반합(半合)

반합이란 삼합이나 방위합에서 2개의 지지만 합한 불안전한 경우인데 기본으로 왕지가 있고 나머지 한 지지만 있는 경우를 말한다. 申子辰

의 수국(水局)인데 물의 중심인 子가 있고 申이나 辰만 있는 경우 즉, 子申, 子辰일 때를 반합이라 한다. 순서는 상관없고 붙어있어야만 반합이된다.

반합은 불안전한 경우인데 이때도 합의 성질이 있는 것이다. 중요한것은 왕지가 반드시 있어야만 한다. 왕지인 子가 없이 申辰이 합하여 수국 반합이 되지는 않는다. 이를 가합이라고 하여 가짜 합이라고 하는데, 만약 子의 기운이 들어온다면 그때에 삼합을 이룰 수 있다. 木局의 경우도 卯가 있고 亥나 未가 있을 때, 즉 亥卯, 卯未일 때 木局 반합을 이루며 木의 성질이 강해진다. 火局의 경우도 午가 있고 寅이나 戌이 있으면, 즉 寅午, 午戌일 때 火局 반합을 이루며 火의 성질이 강해진다. 金局의 경우도 酉가 있고 巳나 丑이 있는 경우, 즉 巳酉, 酉丑일 때 金局 반합으로 金의 성질이 강해진다.

이상 반합을 보았는데 삼합보다는 성질이 약하나 합의 성질을 갖는다. 따라서 사주에 반합이 있는 경우 나머지 한 오행이 오면 완전한 삼합을 이루게 되는 것이다. 예를 들어 사주에 申子가 있는데 辰해가 오며 申子辰으로 완전한 삼합이 되는 것이다. 또한 申辰 가합일 때도 子년이 오면 申子辰으로 완전한 삼합이 된다. 하지만 주의할 것은 나란히 붙어있을 때, 또는 준비되어 있을 때만 그 효과가 있는 것이다. 그리고 반합은 불안전한 것으로 완전한 합이 되는 것이 아니라 그 힘을 강하게 불러 온다고 보아야 한다. 즉, 申子 반합이면 水가 강해지는 것이지 金인 申이 水가 되는 것은 아니다.

10. 지장간(地藏干)의 의미

  우주만물은 하늘을 대표하는 천원(天元)과 지지로서 땅을 대표하는 지원(地元)과 사람을 대표하는 인원(人元)으로 구성되는데 인원(人元)은 지지 속에 암장되어 있다.

  지지는 1년 12달로 되어있고 각각의 달은 서로 영향을 가진다. 이달의 기운은 전달의 기운이 남아있다. 지난달의 기운이 남아 있는 것을 여기(呂紀)라 하고 이 달의 기운을 정기(正氣)라 부르며 나머지 기운을 중기(中氣)라 한다.

  예를 들면 인(寅)월에 경우 인(寅)은 봄의 시작이며 갑(甲) 木의 록(祿)이라 정기가 甲木이다. 그러나 丙火와 戊土는 寅에 장생(長生)을 놓아 중기(中氣)운의 丙火와 여기(呂紀)의 戊土를 갖고 있다. 즉, 寅月 30일 중에 7일 2시간은 초기(餘氣)인 戊土가 지배하고 7일 2시간은 中氣인 丙火가 지배하고 15일 20시간은 본기인 正氣로 甲木이 지배하는 것이 자연의 이치인 것이다.

  子月은 여기(餘氣)가 10일로 壬水가 암장되며 正氣인 癸水가 본기로 20일 동안 지배한다.

  丑月은 陰土가 正氣이며 金의 묘고(墓庫)이고 水의 여기(餘氣)가 있어 9일 3시간은 癸水가 3일 1시간은 辛金이 본기인 己土가 18일 6시간 지배하는 것이다.

寅月은 丙火가 戊土가 寅의 장생이고 木이 본기라 丙火 戊土 甲木이 암장되어 있다. 즉, 丙과 戊가 각 7일 2시간씩 餘氣와 中氣로 있고 본기인 甲木은 15일 20시간이 있는 것이다.

卯月은 여기(餘氣)가 10일로 甲木이 암장되며 正氣인 乙木 본기로 20일 동안 지배한다.

辰月은 陽土가 正氣이며 水의 묘(墓)이고 木의 여기(餘氣)가 있어 9일 3시간은 乙木이 3일 1시간은 癸水이 본기인 戊土가 18일 6시간 지배하는 것이다.

巳月은 丙火가 戊土가 녹(祿)이요, 金의 장생이라 丙火 戊土 庚金이 암장되어 있다. 즉, 戊와 庚이 각 7일 2시간씩 餘氣와 中氣로 있고 본기인 丙火은 16일간을 지배하고 있다.

午月은 丁火와 己土 祿이라 丙火 丁火 己土가 암장되어 있다. 즉, 10일간의 丙火와 9일간은 己土와 11일간의 丁火가 지배하는 것이다.

未月은 陰土로 木의 묘(墓)이고 火의 餘氣를 지녀 丁火 乙木 己土가 암장되어 있다. 즉, 3일간의 乙木과 9일간의 丁火와 18일간의 己土가 지배하는 것이다.

申月은 金의 본기로 水와 土의 장생이라 戊土, 壬水, 庚金을 암장하고 있다. 즉, 7일 2시간씩의 戊土와 壬水가 지배하고 16일간의 庚金이 정기로 지배하는 것이다.

酉月은 金의 록(祿)이라 庚金과 辛金이 지배한다. 즉, 10일간의 庚金과 20일간의 辛金이 지배한다.

戌月은 陰土가 火의 묘(墓)고이고 金의 계절이라 辛金, 丁火, 戊土가 암장되어 있다. 즉, 9일간의 辛金과 3일간의 丁火가 지배하고 18일간의 정기인 戊土가 지배한다.

亥月은 壬水의 祿이고 木에 장생지지라 壬水 甲木 戊土 암장되어 있다. 즉, 7일 2시간씩의 戊土와 甲木이 지배하고 16일간의 壬水가 정기로 지배하는 것이다. 이 지장간의 내용은 사주를 분석하는 데 아주 중요한 내용이 된다. 지장간의 내용에 따라 오행의 경중을 따지며 오행상의 상생상극을 분석하고 좋은 오행이 무엇인지를 분석하는 기초가 되는 것이다. 즉, 사주의 강약을 분석하는 데 기본적인 활용요소가 되니 반드시 암기해두어야만 한다.

12지지의 지장간을 보면 子, 寅, 辰, 午, 申, 戌을 陽이요, 丑, 卯, 巳, 未, 酉, 亥는 陰인데 陽의 체(体)에 지장간은 陰이 들어있고 陰의 체(体)에는 陽의 지장간이 들어있음을 알 수 있다. 이는 체(体)는 陽이나 用은 陰으로 활용되고 체(体)는 陰이나 用은 陽으로 활용되고 있음을 잘 기억해두어야 한다. 이는 음양의 조화원리와 같은 것이다.

1) 12지지 지장간(삼합, 방위합으로 설명)

子 (癸, 壬) 方 亥子丑 = 水 3合 申子辰 = 水	午 (丁, 丙, 己) 方 巳午未 = 火 3合 寅午戌 = 火
丑 (己, 癸, 辛) 方 亥子丑 = 水(癸) 3合 巳酉丑 = 金(辛)	未 (己, 丁, 乙) 方 巳午未 = 火(丁) 3合 亥卯未 = 木(乙)

寅 (甲, 丙, 戊) 方 寅卯辰 = 木(甲) 3合 寅午戌 = 火(丙)	申 (庚, 壬, 戊) 方 申酉戌 = 金(庚) 3合 申子辰 = 水(壬)
卯 (乙, 甲) 方 寅卯辰 = 木 3合 亥卯未 = 木	酉 (辛, 庚) 方 申酉戌 = 金 3合 巳酉丑 = 金
辰 (戊, 乙, 癸) 方 寅卯辰 = 木(乙) 3合 申子辰 = 水(癸)	戌 (戊, 辛, 丁) 方 申酉戌 = 金(辛) 3合 寅午戌 = 火(丁)
巳 (丙, 庚, 戊) 方 巳午未 = 午(丙) 3合 巳酉丑 = 金(庚)	亥 (壬, 甲, 戊) 方 亥子丑 = 水(壬) 3合 亥卯未 = 木(甲)

위의 표로 보이듯이 각지지(地支)의 지장간(地藏干)은 방위합과 삼합의 법칙이 들어있음을 알 수 있다.

해(亥)의 지장간은 방위합 亥子丑의 水局의 시작으로 壬水를 본기로 삼합의 亥卯未의 木局으로 甲木을 지난달의 戌土의 영향으로 戊土 구성 되어 있음을 알 수 있다. 亥(壬甲戊)이다.

자(子)의 지장간은 방위합 亥子丑과 삼합 亥子丑의 水局의 왕지로 癸 水, 壬水를 가지고 있다. 子(癸壬)이다.

축(丑)의 지장간은 본기로 己土를 방위합 亥子丑의 水局의 끝으로 癸水 를 삼합의 巳酉丑의 金局의 끝으로 辛金을 가지고 있다. 丑(己癸辛)이다.

인(寅)의 지장간은 방위합 寅卯辰의 木局의 시작으로 甲木를 본기로 삼합의 寅午戌의 火局으로 丙火을 지난달의 丑土의 영향으로 戊土 구성 되어 있음을 알 수 있다. 寅(甲丙戊)이다.

묘(卯)의 지장간은 방위합 寅卯辰과 삼합 亥卯未의 木局의 왕지로 甲 木, 乙木를 가지고 있다. 卯(乙甲)이다.

진(辰)의 지장간은 본기로 戊土를 방위합 寅卯辰의 木局의 끝으로 乙木를 삼합의 辛子辰의 水局의 끝으로 癸水을 가지고 있다. 辰(戊乙癸)이다.

사(巳)의 지장간은 방위합 巳午未의 火局의 시작으로 丙火를 본기로 삼합의 巳酉丑의 金局으로 庚金을 지난달의 辰土의 영향으로 戊土 구성되어 있음을 알 수 있다. 巳(丙庚戊)이다.

오(午)의 지장간은 방위합 巳午未과 삼합 寅午戌의 火局의 왕지로 丁火, 丙火, 己土를 가지고 있다. 午(丁丙己)이다.

미(未)의 지장간은 본기로 己土를 방위합 巳午未의 火局의 끝으로 丁火를 삼합의 亥卯未의 木局의 끝으로 乙木을 가지고 있다. 未(己丁乙)이다.

신(申)의 지장간은 방위합 申酉戌의 金局의 시작으로 庚金를 본기로 삼합의 申子辰의 水局으로 壬水을 지난달의 未土의 영향으로 戊土 구성되어 있음을 알 수 있다. 申(庚壬戊)이다.

유(酉)의 지장간은 방위합 申酉戌과 삼합 巳酉丑의 金局의 왕지로 辛金, 庚金을 가지고 있다. 酉(辛庚)이다.

술(戌)의 지장간은 본기로 戊土를 방위합 申酉戌의 金局의 끝으로 辛金를 삼합의 寅午戌의 火局의 끝으로 丁火을 가지고 있다. 戌(戊辛丁)이다.

2) 12地支 地藏干으로 풀이되는 의미

12지지의 지장간을 방위합과 삼합의 조합으로 설명했다. 지장간 자체가 가지는 의미는 무엇일까? 지금부터는 12지지의 지장간만을 가지고 12지지를 설명하고자 한다.

해(亥)월의 지장간은 壬水, 甲木, 戊土이다. 亥月은 壬水로 물이 차오르는 시기이며 木局의 시작인 시기로 땅속의 뿌리 甲木에 물이 찬다는 의미이다.

자(子)월의 지장간은 癸水 壬水이다 땅속에 물이 가득 차 있다.

축(丑)월의 지장간은 己土 癸水 辛金이다. 丑月을 땅속에 물이 갈라져서 또는 흘러서(癸水) 씨앗인 辛金을 적시는 시기이다.

인(寅)월의 지장간은 甲木 丙火 戊土이다. 뿌리인 甲木에 태양이 에너지를 주어 새싹을 틔우는 시기이다. 그리고 이미 丑月에 씨앗에 물은 충분이 있다는 것을 알 수 있다.

묘(卯)월의 지장간은 乙木, 甲木이다. 새싹이 자라고 만물이 생동하는 시기이며 자라나는 시기이다.

진(辰)월의 지장간은 戊土, 乙木, 癸水이다. 땅 위에 생명과 물의 기운이 왕성해질 준비를 하는 시기이다.

사(巳)월의 지장간은 丙火, 庚金, 戊土이다. 태양의 힘이 강해지면서 열매를 맺도록 준비되는 시기이다.

오(午)월의 지장간은 丁火, 丙火, 己土이다. 丙火가 크게 작용하지만 그것이 땅속으로 스며들어 丁火로 化하는 단계로 에너지가 모이는 시기이다. 그리고 12지지 중 가장 생명이 왕성한 시기이기도 하다.

미(未)월의 지장간은 己土, 丁火, 乙木이다. 에너지가 모이는 시기로 자연의 성장이 늦어지면서 에너지가 모이고 열매를 맺기 위해 꽃이 피고 풍성해지는 시기이다.

신(申)월의 지장간은 庚金, 壬水, 戊土이다. 열매에 물이 가득 차는 시기로 열매가 맺어져서 열매가 잊어가는 시기이다.

유(酉)월의 지장간은 辛金, 庚金이다. 열매와 곡식을 추수하고 걷어 들이는 시기이다. 그러면서 창고에 모으는 의미도 있으며 제사를 지내는 시기이다.

술(戌)월의 지장간은 戊土, 辛金, 丁火이다. 이제 火의 기운이 쇠하는 시기로 다음 해를 준비하며 씨앗을 저장하는 시기이다.
해(亥)월의 지장간은 壬水, 甲木, 戊土이다. 위에서 말한 바와 같이 물이 가득 차는 시기로 열매가 저장되어 다음 해를 준비함을 알 수 있다.

12지지의 설명은 어디서부터 시작하나 똑같이 순환하는 것을 알 수 있을 것이다. 이것이 바로 자연의 이치이며 그것을 설명하기 위해 지장간이 있다고 해도 과언이 아닐 것이다. 그러므로 단순이 지장간만을 외우는 것이 아니라 지장간은 그 의미와 이유가 제대로 알면 암기가 아니라 이해를 바탕으로 자연의 이치를 알 수 있다.

이제까지 오행으로 시작해서 10천간 12지지 그리고 지장간까지 알아보았다. 그 모든 것은 결론은 바로 자연의 이치인 순환에 있다. 각각이 존재하는 것이 아니라 각각이 영향을 주고받으며 순환하면서 영향을 끼치고 있고 그것이 우리가 살아가는 자연을 이해하는 기본이 되어야 한다. 역학은 자연에서 나오는 것인데 자연을 모르고 역학을 안다는 것도 말이 안 되며 자연의 이치를 모르고 사람의 인생에 대해 이야기한다는 것도 말이 안 되는 것이다.

오행은 식물과 동물 모든 것에 생왕사멸을 12지지는 12달의 각각의 이치를 지장간은 12지지에 대한 자세한 해석이 들어있다는 것을 숙지하여야 한다.

3) 지장간으로 설명되는 지지의 충

역마충

寅 (甲 丙 戊)　　　　　巳 (丙 庚 戊)
↕ ↕ ↕　　　　　　　　↕ ↕ ↕
申 (庚 壬 戊)　　　　　亥 (壬 甲 戊)

도화충

子 (癸 壬)
↕ ↕ ↕
午 (丁 丙 戊)

卯 (乙 甲)
↕ ↕
酉 (辛 庚)

화개충

辰 (戊 乙 癸)
↕ ↕ ↕
戌 (戊 辛 丁)

丑 (己 癸 辛)
↕ ↕ ↕
未 (己 丁 乙)

　위의 그림에서 보는 바와 같이 寅申沖의 그 지장간인 甲庚沖, 丙壬沖도 같이 됨을 알 수 있다. 지지의 충은 단순이 지지만의 충이 아니라 지장간까지도 충이 됨을 알 수 있다. 그리고 지지의 충을 해석할 때 지장간까지 같이 해석을 해야만 올바른 충의 해석이라고 볼 수 있다.

　寅申巳亥 역마충(驛馬沖)을 예로 들어보자면 寅申충은 본기인 甲木을 충하면서 丙壬이 충하고 巳亥충은 본기인 丙火가 충하면서 나머지 또한 甲庚을 알 수 있다. 여기에서 역마충의 본 의미인 움직이면서 실제로 다친다는 의미로 甲庚沖은 실제적인 충인 데 비해 丙壬沖은 甲庚沖만큼 큰 해를 입히지 않는다. 그래서 寅申沖과 巳亥沖에서는 寅申沖을 더 무섭게 보는 경향이 있으며 寅申巳 3형살을 보면 寅申과 巳과 같이 沖할 때 甲木을 같이 沖하므로 3형살이라 하고 寅申沖에 亥가 들어올 때는 본기인 甲木을 沖하지 않는데다가 木의 기운이 되려 寅亥, 合木이 되어 다치는 목(木)이 강해짐을 알 수 있다. 그러므로 寅申巳 3형살을 해석할 때도 지장간의 의미를 안다면 명확하게 해석할 수 있다.

子午卯酉 도화충(桃花沖)으로 예를 들면 子午沖이 卯酉沖보다 본기의 충임을 알 수 있다. 子午沖과 卯酉沖에서는 도화의 의미가 주색잡기 성(性)인 子와 더 밀접한 영향이 있으므로 의미상 卯酉沖에 비해 子午沖이 더 무서운 충으로 볼 수 있고 3형살 또한 子卯酉 3형살로 性으로 인해서 아이를 낳는 것을 무서워했음을 알 수 있다.

辰戌丑未 화개충(華蓋沖)은 세 가지 沖 중에 유일하게 본기가 아닌 여기와 중기가 충(沖)하는 것으로 가장 충의 의미가 크지 않는 것이다. 다시 말해서 충을 피할 수 있으며 대비할 수 있는 충인 것이다. 하지만 토가 중용이자 나의 기반으로 화개충이 작용할 때는 내가 모아둔 또는 쌓은 재산, 명예, 가정이 깨질 수 있으며 이 시기에는 될 수 있는 한 송사에 휘말리지 않는 것이 좋다. 3형살은 丑戌未가 형살이 된다.

4) 삼합과 방위합으로 보는 지지의 충

水局　申子辰 ＝ 亥子丑
火局　寅午戌 ＝ 巳午未

木局　亥卯未 ＝ 寅卯辰
金局　巳酉丑 ＝ 申酉戌

위의 그림에서 보는 바와 같이 金局과 木局의 삼합은 방위합이 각각

충이 되는 것을 알 수 있다. 삼합과 방위합의 시작은 역마충으로 왕지는 도화충으로 마무리는 화개충으로 됨을 알 수 있다.

역마라는 것은 각 계절의 시작으로 변화와 활동적이라는 의미를 가지고 있으며 그 역마가 충이 될 때를 역마충이라 하고 이동하면서 다치거나 도전, 이직, 이사 등 안정보다는 변화를 의미한다. 단순히 보면 교통사고나 여행 중의 사고일 수도 있고 도전이나 변화를 꾀하다가 재산이나 직장을 잃을 수도 있는 운이다. 물론 역마충이지만 그것이 용신으로 들어올 때는 직장을 잃는다 하여도 더 좋은 직장으로 이직을 하게 되는 경우도 있다.

도화는 각 계절은 왕지로 가장 화려하고 강할 때를 의미하며 한여름 한겨울처럼 그 계절의 기운을 대표하는 시기이다. 그러므로 도화는 그 자체로 주목받게 되며 주목받는 것을 즐기는 특성을 가지고 있다. 도화가 충이 될 때는 문제가 커지고 드러나며 그로 인해서 힘들어지는 것을 의미한다. 본 의미로는 性의 문란이나 도박 등 주색잡기를 이야기하나 그뿐만 아니라 내가 누군가에게 주목받고 알려진다는 의미이다. 하지만 그것이 연예인들처럼 알려져야 하는 사람에게는 되레 좋을 수도 있겠으나 일반인들에게는 큰 스트레스가 될 수도 있고 연예인이라고 해도 알려지면 안 되는 치부까지 알려지게 된다면 도화로 인한 충으로 본다.

화개는 계절의 마무리로 추수하고 창고에 쌓아두는 의미를 가지고 있고 그것이 예체능적인 재주이며, 창의적인 사고이자 잘 모으는 성향을 가지고 있다. 또한 화개는 곧 토의 기질로 중용의 성질을 가지고 있다. 그러나 화개충의 중용이 깨지는 것이고 나의 창고가 무너지는 것으로 이때까지 모은 재산이나 명예, 가정 등이 무너지는 것을 의미한다.

　일단 역마나 도화, 화개는 일 년 12달에 각 계절에 하나씩 총 4개가 있는 것으로 누구나 가지고 있는 것이다. 그러므로 역마가 있다고만 해서 도화가 있다고만 해서 안 좋다는 것은 말이 되지 않는다. 그것이 나에게 어떻게 작용을 하며 혹시나 충이 되지는 않는지를 보아야 한다. 그리고 충이 되었다고 해도 그 충이 나에게 어떻게 작용하는지에 따라 나쁠 수도 있지만 용신으로 들어온다면 기회가 될 수도 있는 것이므로 단순히 있는 것만으로 두려워하거나 문제가 있다고 해석하는 것은 잘못된 것이다.

11. 12운성 이론

　12운성론이라는 것은 불교의 원리를 도입하여 인간의 운명을 연구한 것이다. 불교에서 인간은 태어나서 자라고 죽고 다시 환생하여 새 생명이 탄생한다고 보고 있다. 즉, 전생에서 덕이 현세에 영향을 주고 현세에서의 삶이 후세에 영향을 준다고 보고 있다. 이를 윤회론이라고 하는데 이 윤회론적 이론을 도입한 것이다. 인간은 태어나서 왕성한 삶을 살다 늙고 병들어 죽는다. 생노병사로 인생의 일대기가 나타나는데 이 생로병사의 기준으로 자기 사주의 인간이 어느 상태에 있느냐에 따라 운명을 감정하는 이론이다.

　열두 가지 동물을 이용해 12지지(地支)가 있듯이 우주의 생성원리도 생로병사를 12단계로 구분해서 설명될 수 있다. 이는 우리가 이때까지 삼합에서 이야기한 생왕사멸의 원리와 같다고 볼 수 있다. 그리고 윤회란 한 사람의 윤회도 있겠지만 다음 세대로 이어지는 대윤회론도 있음을 알고 같이 생각해보는 것이 필요하겠다.

　다음 세대로 이어지는 대윤회란 한 사람이 태어나 자라고 왕성하게 활동하였다가 자식을 낳고 그 아이가 나의 대를 이어 다시 순환하는 것, 즉 한 사람의 삶과 죽음의 반복뿐만이 아니라 인간이라는 종족으로서 새로운 또는 이어지는 인간의 새로운 삶이 반복되는 인간으로서의 윤회도 있다는 것을 기억하기를 바란다.

1) 12운성의 12단계

(1) 장생(長生) 단계

모든 만물은 어머니 뱃속에서 태어나 세상에 나온다. 세상에 나옴으로써 삶이 이루어진다. 세상에 태어나는 희열을 느끼는 단계가 장생(長生)이다. 이 장생이야말로 12운성에서 최고의 길성(吉星)인 것이다. 만물은 태어남으로써 생명체로서의 가치와 존엄이 있기 때문이며, 사주에 장생이 있다면 삶의 희열을 맛볼 수 있는 최고의 극치인 것이다.

장생이 연주(年柱)에 있다면 조상의 음덕은 많이 보면서 태어나 초년운이 좋음을 말해준다.

장생이 월주(月柱)에 임하면 부모형제 덕이 있어 중년에 크게 성공할 가능성이 크다.

장생이 일주(日柱)에 있다면 배우자 운이 좋고 건강도 좋고 일생이 편안하다.

장생이 시주(時柱)에 있다면 자식 운이 좋고 노후가 편안함을 뜻한다.

장생의 특성은 건강하고 사회적으로 성공할 수 있는 조건을 갖게 되며, 장생이 용신(用神)이 되면 최고 위치까지 오를 수 있다.

(2) 목욕(沐浴)

목욕은 갓 태어난 아기를 깨끗이 씻는다는 뜻이며 태아의 유년시기를 말한다. 목욕을 하면 이성을 그리워하는 생각이 나서 도화살(桃花殺) 또는 홍염살(紅艶殺)을 갖는 성(星)이라고 한다.

목욕이 연주(年柱)에 있으면 조상 중에 풍류기질을 갖는 경우가 많고 색정이 심하게 발동하게 된다.

목욕이 월주(月柱)에 있다면 부모가 바람기가 있고 부모와 연이 적은 경우가 많다.

목욕이 일주(日柱)에 있다면 본인의 색정이 강해 부부간의 갈등이 심화되어 부부 이별수가 따른다.

목욕이 시주(時柱)에 있다면 자식과 인연이 약하고 자식과 이별수가 있으며 노년이 고독할 우려가 있다.

사주에 목욕궁이 많으면 방탕한 생활로 인생이 황폐하게 될 우려가 있다.

(3) 관대(冠帶)

관대란 목욕 후 성장해 결혼하는 시기를 뜻한다. 관대는 20대로 혈기 왕성하고 자존심이 강한 시기를 말한다.

관대성이 연주(年柱)에 있다면 좋은 가문의 태생이며 학문적 기질이 좋게 태어난 것을 말한다.

관대가 월주(月柱)에 있다면 봉건적 가문에 태어나 부모가 뼈대 있는 집안 태생임을 뜻한다.

관대가 일주(日柱)에 있다면 부부애가 좋고 중년 이후에 발전할 수 있다.

관대가 시주(時柱)에 있다면 가정이 화목하고 자식 덕을 볼 수 있게 된다.

관대성이 특성은 자존심이 강해 자립심과 독립심이 강해지고 사회적으로 성공할 수 있는 요인을 갖게 된다는 점이다. 관대성이 용신(用神)이 되면 독립적 사업으로 크게 성공할 수 있다.

※용신(用神)은 사주에 도움이 되는 또는 사용되면 좋은 오행(五行)을 뜻한다.

(4) 건록(建祿)

건록 시기는 관대 이후 직업을 갖고 사회에 진출하는 것을 뜻한다. 인생에서는 30대의 청장년기이다. 건록은 직업을 갖고 일을 추진하고 명예와 부를 추구하는 성(星)이다.

건록이 연주(年柱)에 있다면 조상 덕이 있고 자수성가해 사회적 지위가 올라간다.

건록이 월주(月柱)에 있다면 부모 덕분에 성공할 수 있음을 뜻한다.

건록이 일주(日柱)에 있다면 가업을 상속하나 자존심이 강해 부부간에 갈등이 생길 소지가 있게 된다.

건록이 시주(時柱)에 있다면 자식이 성공해 자식 덕을 볼 수 있게 된다.

(5) 제왕(帝旺)

제왕 시기는 인생의 황금기로 40대의 장년기를 뜻한다. 남의 간섭을 싫어하고 독립심이 강하며 사회에서 최고의 위치에 오르는 시기이다. 그러나 제왕 시기는 지나친 자만심으로 패가망신할 수도 있어 자만심의 지나침에 조심해야만 한다. 제왕성이 연주(年柱)에 있다면 선대에 부귀하고 명예로운 집안 태생임을 뜻한다.

월주(月柱)에 있다면 추진력과 자존심이 강해 자수성가할 수 있게 된다.

일주(日柱)에 제왕이 있다면 지나친 자존심으로 일을 그르칠 수 있어 매사 신중해야만 한다.

시주(時柱)에 있다면 자녀 덕에 집안이 일어날 수 있다.

(6) 쇠(衰)

쇠의 시기는 50대 시기로 정과 기운이 약해지는 시기를 뜻한다. 쇠의 시기는 점차 보수적이 되어 지키려는 성향이 강해진다.

쇠가 연주(年柱)에 있다면 조상 덕이 부족하고 초년 고생이 심할 우려가 있다.

쇠가 월주(月柱)에 있다면 부모형제 덕이 없고 사회적으로 신망을 받기 어렵다.

쇠가 일주(日柱)에 있다면 배우자 운이 부족하고 사회적으로 타인으로 피해를 볼 수 있다.

쇠가 시주(時柱)에 있다면 자식 덕이 없고 노년이 외로울 수 있다.

(7) 병(病)

인생이 황혼기에 접어들어 병이 드는 시기로 정신적으로나 신체적으로 나약하게 된다.

병이 연주(年柱)에 있다면 조상의 가운이 기울어 조상 덕을 받지 못하게 된다.

병이 월주(月柱)에 있다면 부모 운이 약해 본인의 건강이 나쁘고 운이 잘 안 풀린다.

병이 일주(日柱)에 있다면 부부 이별수가 있다.

병이 시주(時柱)에 있다면 자식으로 속이 상하고 나약한 자녀가 태어날 우려가 있다.

(8) 사(死)

만물은 병이 들면 죽는다. 죽음으로써 모든 일은 정지되는 시기를 뜻한다.

사가 연주(年柱)에 있다면 조상부모와 인연이 박해 타향살이할 우려가 있다.

사가 월주(月柱)에 있다면 머리는 좋으나 형제 덕이 박하다.

사가 일주(日柱)에 있다면 부부 운이 좋지 않으며 부부간의 불화가 생긴다.

사가 시주(時柱)에 있다면 자녀로부터 고통을 받게 되고 노후가 외롭다.

사의 특성은 병고에 시달리고 외롭고 무능한 상태가 되는 데 있다.

(9) 묘(墓)

묘란 장사 지내고 무덤에 들어가는 단계를 뜻한다.

묘는 다음 인생의 싹을 틔우기 위해 쉬는 단계이다. 따라서 묘는 장래를 위해 전념하는 단계인 것이다.

묘가 연주(年柱)에 있다면 조상을 잘 모시고 숭배하는 경향이 있다. 따라서 장손 중에 묘가 많다.

묘가 월주(月柱)에 있다면 부모 형제와 인연이 약하다.

묘가 일주(日柱)에 있다면 배우자 운이 좋지 않고 자수성가하게 된다.

묘가 시주(時柱)에 있다면 자식이 없을 가능성이 있고 자식 운이 좋지 않다.

(10) 절(絕)

인간이 죽어 묘지에 있다 다시 태어나기 위해 숨을 죽이고 있는 단계로 일명 포(胞)라고도 한다. 절의 특성은 일의 추진력이 없고 포기를 잘하며 자기주장을 피지 못하는 데 있다.

절이 연주(年柱)에 있다면 조상 덕이 없어 유년 고생이 심하고 타향에서 자수성가하게 된다.

절이 월주(月柱)에 있다면 부모형제와 연이 박해 고생이 심하다.

절이 일주(日柱)에 있다면 부부간의 갈등이 생긴다.

절이 시주(時柱)에 있다면 자식으로 근심걱정이 끊이질 않고 자식으로 고통을 받는다.

(11) 태(胎)

태는 절에서 움직여 어머니 뱃속에서 새로운 생명이 잉태되는 시기를 뜻한다.

태의 성질은 호기심이 많고 새로운 것을 좋아하며 남에게 인기 있는 것을 좋아한다.

태가 연주(年柱)에 있다면 부모 덕이 없고 어려서 잔 고생이 심하다.

태가 월주(月柱)에 있다면 부모형제 덕이 없고 초년 고생이 심하게 된다.

태가 일주(日柱)에 있다면 초년에 고생하나 중년 이후는 좀 나아진다. 그러나 부부간의 갈등은 심하다.

태가 시주(時柱)에 있다면 인덕이 없고 아들보다는 딸을 많이 두게 되고 노후가 외롭게 된다.

(12) 양(養)

양은 잉태한 후 어머니 뱃속에서 자라나는 시기로 노력한 만큼의 대가가 있는 운을 갖는다.

양이 연주(연주)에 있다면 부모를 떠나 객지 생활하게 된다.

양이 월주(월주)에 있다면 객지 생활을 하고 이성관계가 복잡해질 우려가 있다.

양이 일주(일주)에 있다면 배우자 궁이 부실해 색난(色難)을 초래하거나 집안보다는 밖으로 떠도는 경향이 있다. 그러나 양이 일주에 임하는데 용신(用神)운이면 남녀 모두 좋은 배우자를 만날 수 있다.

양이 시주(시주)에 있다면 자녀와의 운이 박하고 자식 덕을 보기가 어렵다.

이상 12운성의 특성을 보았는데 이론적인 내용을 본 것이지 점술로서 맞다 틀리다의 뜻을 갖는 것은 아니다. 12운성으로만 사주를 풀어서는 안 되고 참고삼아서 사주 전체를 보고 용신과의 관계를 검토한 후 분석해야만 한다. 그러나 이 12운성은 인간의 생로병사에 비유한 것이라 운세가 병약한 상태면 불길함을 예측할 수 있는 것이라 반드시 알아두어야만 한다.

2) 12운성의 음양 순역지설과 강약이론

(1) 음양 순역지설

12운성이론은 불교의 윤회론에 음양이론을 조화시켜 인생의 길흉화복을 논한 이론이다. 즉, 양(陽)의 기운인 오행은 순행(順行)하고 음의 기운인 오행은 역행(逆行)하는 원리를 도입하여 분석하는 것이다. 예를 들어서 설명하면 다음과 같다.

화(火)의 경우 양의 화(火)의 병화(丙火)와 음의 화(火)인 정화(丁火)가 있는데 병화(병화)는 태양이 뜨고 지는 것에 따라 순행(順行)하고 정화(정화)는 달의 빛이라 해가 진 후 나타나니 역행(逆行)하여 분석하는 이론이다.

즉, 병화(丙火)는 인오술(寅午戌)삼합 화국(火局)의 인(寅)에서 시작해(인(寅)에서 해가 뜨고) 오화(午火)에서 가장 강렬하고 술(戌)에서 해가 진다. 따라서 인(寅)에서 병화(丙火)는 태어나니 장생이 되고 오(午)에서 제왕이 되고 술(戌)은 묘고가 되는 것이다. 그러나 정화(丁火)는 해가 진 후 술(戌) 이후에 달이 뜨니 거꾸로 역행해 유(酉)에서 달이 뜨고 사(巳)에서 제왕이 되고 축(丑)이 소멸하는 묘고가 된다.

하지만 실제적으로는 병화를 기준으로 하면 12운성의 해석이 되나 정화를 기준으로는 해석이 안 되는 부분이 있다. 그러므로 12운성 이론은 실제적으로 해석하고 응용하기보다 윤회론과 12운성이론을 설명하는 뜻으로만 이해하면 될 것이다.

운성\천간	甲	乙	丙	丁	戊	己	庚	辛	壬	癸
장생	해	오	인	유	인	유	사	자	신	묘
목욕	자	사	묘	신	묘	신	오	해	유	인
관대	축	진	진	미	진	미	미	술	술	축
건록	인	묘	사	오	사	오	신	유	해	자
제왕	묘	인	오	사	오	사	유	신	자	해
쇠	진	축	미	진	미	진	술	미	축	술
병	사	자	신	묘	신	묘	해	오	인	유
사	오	해	유	인	유	인	자	사	묘	신
묘	미	술	술	축	술	축	축	진	진	미
절	신	유	해	자	해	자	인	묘	사	오
태	유	신	자	해	자	해	묘	인	오	사
양	술	미	축	술	축	술	진	축	미	진

(2) 12운성의 강약 원리

12운성은 시작과 끝이 있으니 시작부터 기가 왕한 제왕 시기가 있고 소멸하는 시기가 있다. 이때 기(氣)가 왕성한 시기를 사왕지(四王地)로, 보통인 때를 사평지(四平地)로 기(氣)가 쇠한 시기를 사쇠지(四衰地)로 나눌 수 있다.

사왕지(四旺地)

사왕지는 태어나는 장생부터 시작해 관대, 임관, 제왕 시기까지를 말한다. 이때는 기(氣)가 왕성한 시기로 강한 기운이 있다.

사평지(四平地)

사평지란 보통의 기운인 시기로 양, 욕, 쇠, 병의 시기를 뜻하는데 보통의 평범한 운이 작용되는 시기이다.

사쇠지(四衰地)

사쇠지는 기운이 식어가는 시기로 절, 묘, 사, 태의 시기로 기운이 쇠약해지는 시기이다.

사주가 12운성 상 사왕지에 있다면 힘차고 활력이 넘친다고 볼 수 있으며, 사평지에 있다면 보통이고 사쇠지에 있다면 힘이 부족하다는 것을 알 수 있다.

12. 태양권, 태음권

태양권과 태음권이라는 것은 음양과는 다르다.

음양과는 다르게 10천간의 오행 중 태양(丙)을 기준으로 순환하는 오행인 癸水, 乙木, 丙火, 戊土, 庚金이고 태음(壬)을 기준으로 순환하는 오행인 壬水, 甲木, 丁火, 己土, 辛金이다. 쉽게 말해 戊土인 땅 위에서 乙木이 丙火와 癸水에 영향을 받아 庚金(열매)를 맺는 것은 태양권의 순환이고 己土인 땅속에서 甲木, 辛金, 壬水, 丁火로 어울려 태양권을 준비하는 오행들의 진행이다.

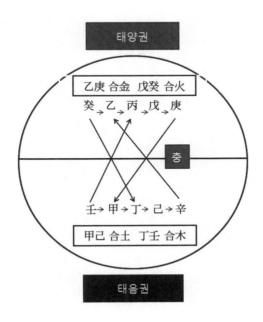

여기서 중요한 법칙은 같은 권역에서는 합이 다른 권역에서는 충이 된다. 태양권에 乙庚, 合金이고 戊癸, 合火 태음권에 丁壬, 合木이고 甲己, 合土가 된다. 권역이 다르면 충이 되는데 甲庚沖이고 乙辛沖이고 丙壬沖임을 알 수 있다. 단, 丙辛, 合水만 별도인데 이는 辛金은 양권의 辛金과 음권은 辛金으로 구분되는데 이는 병과 양권의 辛金이 丙辛 合水 됨을 알 수 있다.

IV

사주 고급편

1. 사주명식(생년, 생월, 생일, 생시)

　사주란 사람이 태어난 해와 달과 일과 시에 따라 정해진다. 이는 한 사람이 태어난 그날은 자연의 기운, 즉 천문의 기운을 보고 그 사람의 천성을 연구하고 천성을 기준으로 사람이 살아가야 하는 방법에 대한 고찰을 하여 미래를 준비하고 나쁜 운이 있다면 조심하여야 하고 좋은 운이면 준비되어서 기회로 가져야만 한다는 것이 사주의 운명학의 의미이다. 그리고 사주 중에서 가장 기준이 되는 것은 태어난 날, 일주가 된다. 이는 처음부터 태어난 날의 자연의 기운 천문의 기운을 기준으로 하는 것이므로 일주를 기준으로 하고 그중에 일간을 정신 일지를 육체로 보아서 일간을 기준으로 삼는다.

1) 연주 정하는 법

　연주는 만세력에서 60갑자가 돌아가는 해에 따라 결정된다. 즉, 2017년이 丁酉년인데 2017년에 태어난 모든 이는 丁酉 연주가 된다. 이때 해가 바뀌는 것은 입춘을 기준으로 한다. 입춘이 지나야만 2017년이 되는 것이다. 2017년의 입춘일이 양력으로 2월 4일이 입춘일 전에 태어나면 2017년생이 아니라 2016년의 경우 입춘 기준일이 양력 2월 4일 오전 0시 33분이다. 이때를 지나서 태어난 모든 이는 2017년 丁酉생이 되는 것이다.

2) 월주 정하는 법

태어난 해에 어느 달에 태어났느냐를 정하는 것이 월주인데 달을 결정하는 것에 있어 중요한 것은 날짜가 아닌 절기이다. 즉, 寅月(인월)은 입춘이 지나야 1월이 된 것이지 날짜가 1일라고 달이 바뀐 것은 아니다. 절기가 바뀐 일을 기준해 한 달이 바뀐 것으로 본다. 만세력을 보면서 정월은 입춘, 2월은 경칩, 3월은 청명, 4월은 입하, 5월은 망종, 6월은 서서, 7월은 입추, 8월은 백로, 9월은 한로, 10월은 입동, 11월은 대설, 12월은 소한이 기준이 된다. 만세력에서 그 기준일이 나와 있으니 만세력을 보고 월주를 정하면 된다.

3) 일주 정하는 법

만세력을 보면 각 일자의 간지가 정해져 있다. 만세력에서 각 일자의 일주를 찾으면 된다. 사주명리학은 일주를 중심으로 분석하기 때문에 태어난 날의 일주가 대단히 중요하다. 일주는 자기 자신을 나타내며 이 일주에 따라 사주의 길흉을 파악하는 것이다.

4) 시주 정하는 법

몇 시에 태어났느냐에 따라 시주가 결정된다. 이때 밤 11시에서 다음날 새벽 1시까지를 자시라 한다. 子時를 기준으로 2시간 단위로 분류된다.

밤 11시 – 1시	자(子)시
오전 1시 – 3시	축(丑)시
오전 3시 – 5시	인(寅)시
오전 5시 – 7시	묘(卯)시
오전 7시 – 9시	진(辰)시
오전 9시 – 11시	사(巳)시
오전 11시 – 오후 1시	오(午)시
오후 1시 – 3시	미(未)시
오후 3시 – 5시	신(申)시
오후 5시 – 7시	유(酉)시
오후 7시 – 9시	술(戌)시
오후 9시 – 11시	해(亥)시

	甲己 합 土	乙庚 합 金	丙申 합 水	丁壬 합 木	戊癸 합 火
연 월간	丙寅 월	戊寅 월	庚寅 월	壬寅 월	甲寅 월
일 시간	甲子 시	丙子 시	戊子 시	庚子 시	壬子 시

연주와 일주는 최초부터 순차적 내려온 것이고 이 연주와 일주에 따라 월간과 일간이 정해지는 법칙을 설명한다.

연간의 합의 오행에 따라 월간은 연간의 합을 생해주는 오행으로 정해진다.

일간의 합의 오행에 따라 시간은 일간의 합을 극하는 오행으로 정해진다.

5) 대운(大運) 정하는 법

대운이란 계절의 변화에 따라 만물의 생성이 달라지듯 인간도 10년 주기로 운명이 바뀌는 것을 뜻한다. 10년마다 돌아오는 운명이 좋은가 나쁜가에 따라 인간의 길흉화복(吉凶禍福)은 달라질 수밖에 없어 대운을 정하는 것은 대단히 중요하다. 대운을 정하는 기준은 연주(年柱)를 기준하여 정한다. 이때 남자와 여자를 구분하여 정하는데 그 기준은 다음과 같다.

태어난 해가 남자의 경우 양년(陽年) 태생이고 여자가 음년(陰年) 태생이면 월주(月柱)를 기준으로 순행(順行)하여 표시한다. 반대로 남자가 음년(陰年)에 태어나거나 여자가 양년(陽年)에 태어나면 역행(逆行)으로 대운을 표시한다. 예를 들어보면 다음과 같다.

(1) 순행(順行)의 경우

癸	甲	壬	丙
未	寅	午	午
년	월	일	시

위의 사주가 여자일 경우 연주(年柱)가 계미(癸未)로 陰이니 갑인월(甲寅月)부터 순행하고 대운은 다음과 같다.

乙	丙	丁	戊	己	庚	辛	壬	癸
卯	辰	巳	午	未	申	酉	戌	亥

즉, 甲 다음 乙로 나가고 지지(地支)는 寅 다음 卯로 순차적으로 적어나가면 된다. 남자가 年柱가 陽이면 똑같이 순행한다.

(2) 역행(逆行)할 경우

癸	甲	壬	丙
未	寅	午	午
년	월	일	시

위의 사주가 남자일 경우 연주가 陰이니 역행한다. 즉, 6갑자를 거꾸로 계산하면 된다. 甲 앞에 癸壬辛庚… 순이고 寅 앞이 丑子亥戌… 순이다.

癸	壬	辛	庚	己	戊	丁	丙	乙
丑	子	亥	戌	酉	申	未	午	未

갑인의 전 60갑자는 癸丑이니 癸丑부터 거꾸로 표시하면 된다. 대운은 남자의 연주가 陰이고 여자의 年柱가 陰이면 순행하고 여자가 陰이거나 남자가 陰이면 역행으로 계산하여 표시한다. 즉, 천간과 지지를 순서대로 정하면 순행이고 거꾸로 올라가면 역행이다. 순행인 경우 甲부터 시작하면 甲, 乙, 丙, 丁, 戊, 己, 庚, 辛, 壬, 癸 순으로 적는다. 역행이면 거꾸로 癸, 壬, 辛, 庚, 己, 戊, 丁, 丙, 乙, 甲 순으로 적으면 된다. 지지의 경우도 마찬가지로 순행이면 순서대로 역행이면 거꾸로 적는다.

6) 태원(胎元)

어머니가 임신할 때 한 생명의 미래 운명이 결정된다고 볼 수 있다. 따라서 임신될 때의 운도 자기 운명을 좌우한다고 볼 수 있다.

태어나기 전 어머니의 환경이 좋으면 태어나서 어린 시절이 행복해진다. 어머니가 아이를 가지고 낳기까지의 운을 알아보는 것을 태원(胎元)이라고 한다. 태원은 사주팔자에서 월주를 기준해서 분석한다. 즉, 어머니 뱃속에서 임신한 달을 다음달부터 9개월을 어머니 뱃속에서 자라서 태어나니 내가 태어난 달부터 9개월 전의 달을 보면 태원을 알 수 있는 것이다.

예컨대 내가 태어난 달이 甲寅월이면 천간은 10이다. 甲 다음이 乙이니 乙 월간에 지지는 12지지이니 寅에서 세 번째 달인 卯 辰 巳 순서에서 巳월에 따라서 乙巳월에 임신되었음을 알 수 있다. 가끔 윤달이 있거나 하는 경우가 있으니 만약 그럴 때는 실제적인 달을 태원으로 보아야 한다.

태원이 내 사주의 용신이 된다면 태어날 때의 환경이 매우 좋았음을 말해주는 것이다. 하지만 태원이 기신이거나 나의 일주와 충이거나 하면 안 좋다고 본다. 따라서 사주에서 태어난 달도 중요하지만 태원도 중요하며 태원으로 어려서의 환경을 알 수 있다.

2. 십신론, 육친론

1) 십신(十神)의 의미와 중요성

십신론(十神論)은 일명 육친론(六親論)이라고도 하는데 일간인 나를 기준해 타간지(他干支)의 오행과 음양에 따라 길흉화복을 논하는 이론으로 사주명리학의 꽃이라 할 수 있다.

십신론을 알아야만 사주를 해석하여 나의 성품과 직업상의 흥망성쇠를 알아낼 수 있다. 이 십신론으로 일간인 나를 기준으로 타 간지와의 사이에서 부모, 형제, 친구, 동료, 처와 자식 등의 관계를 알아낼 수 있다. 그래서 십신론을 일명 육친론이라고 하는 것이다.

십신(육친)론을 알아야만 그 사주의 강약과 가족과의 융화 여부 및 직업상의 성공 여부를 밝히고 사주학의 중심인 용신을 분석할 수 있기 때문에 아주 중요한 분야이다.

2) 육친론(六親論)

(1) 아비자(我比者)

일간인 나와 같은 오행으로 형제자매를 뜻하며 음양이 같으면 비견(比肩)이라고 하고 음양이 다를 때는 겁재(劫財)라고 한다. 예로 甲木이 천간에서 甲木을 보면 비견이 되고 乙木을 보면 겁재가 된다. 같은 오행이면서 음양이 동일하면 비견이고 음양이 다르면 겁재가 된다.

〈비견 속견표〉

천간	甲	乙	丙	丁	戊	己	庚	辛	壬	癸
비견	甲	乙	丙	丁	戊	己	庚	辛	壬	癸

〈겁재 속견표〉

천간	甲	乙	丙	丁	戊	己	庚	辛	壬	癸
비견	乙	甲	丁	丙	己	戊	辛	庚	癸	壬

비견 겁재는 지지에서도 비교 분석할 수 있다. 즉, 일간인 내가 甲木일 경우 같은 오행으로 동일한 陽인 寅木은 비견이고 상이한 陰인 卯木은 겁재가 되는 것이다. 만약 일간이 乙木이면 같은 오행이면서 陰인 卯木이 비견이고 陽인 寅木이 겁재가 된다.

〈지지의 비견표〉

천간	甲	乙	丙	丁	戊	己	庚	辛	壬	癸
지지	寅	卯	午	巳	辰戌	丑未	申	酉	子	亥

〈지지의 겁재속견표〉

천간	甲	乙	丙	丁	戊	己	庚	辛	壬	癸
지지	卯	寅	巳	午	丑未	辰戌	酉	申	亥	子

(2) 아생자(我生者)

일간인 내 氣를 사용하여 내 가족을 살리는 육친을 말한다. 즉, 어머니 입장에서 보면 자식이 되는 것이며 자식을 먹여 살리기 위해서 일을 하는 것이며 젖을 먹이는 의미를 갖는다. 이때 일간이 나와 오행으로 사용하면서 음양이 동일하면 식신(食神)이라 하며 음양이 상이하면 상관(傷官)이라고 한다. 예로 일간이 내가 甲木일 경우 木이 생하는 火가 아생자이다. 그중에 丙火는 같은 陽이니 식신이 되며 丁火는 생하지만 陽이니 상관이 된다.

〈식신 속견표〉

천간	甲	乙	丙	丁	戊	己	庚	辛	壬	癸
비견	丙	丁	戊	己	庚	辛	壬	癸	甲	乙

〈상관 속견표〉

천간	甲	乙	丙	丁	戊	己	庚	辛	壬	癸
비견	丁	丙	己	戊	辛	庚	癸	壬	乙	甲

지지에서도 같은 원리가 적용된다. 즉, 일간이 甲木일 경우 木生火하는 火가 식상인데 火 중에 午火는 같은 陽이니 식신이 되고 巳火는 陰이니 상관이 된다.

〈지지 식신 조견표〉

천간	甲	乙	丙	丁	戊	己	庚	辛	壬	癸
지지	午	巳	辰戌	丑未	申	酉	子	亥	寅	卯

천간	甲	乙	丙	丁	戊	己	庚	辛	壬	癸
지지	巳	午	丑未	辰戌	酉	申	亥	子	卯	寅

식신, 상관의 구분은 양음에 따라 나뉘며 일반적으로는 식상은 일하는 길성(吉星)이다.

(3) 아극자(我剋者)

내가 극하는 오행을 뜻한다. 즉, 일간인 내가 극해 이겨서 얻은 오행을 뜻한다. 예로 甲木이라면 木은 土를 극한다. 土의 입장에서 보면 木이 土를 억누르는 작용을 하고 木의 입장에서는 土를 제압하는 작용을 한다. 오행의 상생상극작용에서 볼 때 일간이 극하는 작용을 뜻하는데 이를 재성(財星)이라 한다. 일간인 내가 얻는 작용이라 재성이라 하는데 일간과 동일하면 편재(偏財)라 하고 음양이 상이하면 정재(正財)라 한다. 예로 일간이 甲木일 경우 木剋土하니 土가 재성인데 음양이 동일한 戊土는 편재가 되고 음양이 다른 己土는 정재가 된다(甲木은 양이고 己土는 음이기 때문이다).

〈편재 조견표〉

천간	甲	乙	丙	丁	戊	己	庚	辛	壬	癸
비견	戊	己	庚	辛	壬	癸	甲	乙	丙	丁

천간	甲	乙	丙	丁	戊	己	庚	辛	壬	癸
비견	己	戊	辛	庚	癸	壬	乙	甲	丁	丙

지지에서도 같은 원리가 적용된다. 예로 甲木이 지지에서 土를 보면 재성이 된다. 이때 음양이 같으면 편재가 된다. 즉, 甲木이 辰이나 戊 토인 陽土를 보면 편재가 되고 陰土인 丑이나 未, 土를 보면 정재가 된다.

〈지지 편재 조견표〉

천간	甲	乙	丙	丁	戊	己	庚	辛	壬	癸
지지	辰戊	丑未	申	酉	子	亥	寅	卯	午	巳

〈지지 정재 조견표〉

천간	甲	乙	丙	丁	戊	己	庚	辛	壬	癸
지지	丑未	辰戊	酉	申	亥	子	卯	寅	巳	午

이때 육친 적으로 보면 편재는 부정확하게 얻어지는 재산이므로 남자 입장에서는 아버지(父)가 되며 첩과 처의 형제, 고모가 해당되며 여자 입장에서는 시어머니와 백부가 편재에 해당된다. 사업적으로는 부동산투자, 금융, 주식투자 등이 편재운에 해당한다. 편재운이 좋으면 일확천금의 기회가 생긴다고 볼 수 있다.

정재는 자신의 노력과 땀으로 정직하게 얻어지는 재물을 말한다. 육친 적으로는 남자의 경우는 부인이 되고 여자의 경우는 아버지가 된다.

금전적으로는 고정적인 수입, 즉 월급, 집세 등이 이에 해당된다. 정재운이 좋으면 남자는 현명한 처를 얻고 여자는 가정생활을 잘 꾸리고 직업운이 좋고 친아버지의 음덕을 받게 된다. 특히 여자 입장에서는 시어머니가 편재가 되니 시어머니에게 공경을 잘하면 시어머니 재산을 받을 수 있는 것이다.

(4) 극아자(剋我者)

일간인 나를 억압하고 규제하는 오행을 말한다. 즉, 나를 규제하여 법을 지키도록 통제하는 오행을 말한다. 예로 甲木인 나를 통제(剋)하는 金인 庚金이나 辛金을 말한다. 이때 음양이 같은, 즉 甲木(陽)을 같은 양인 庚金이 金剋木할 때는 편관(偏官)이라고 하고 음양이 다른 음의 金인 辛金이 내리칠 때는 정관(正官)이라고 한다. 편관은 잔혹하고 인정이 없이 나를 공격하는 성질이 있어 일명 칠살(七殺)이라고 한다. 일간인 내가 칠살을 만나면 잠자는 호랑이를 건드리는 형국으로 이외의 재앙이 발생할 수 있다.

육친 적으로 보면 남자 입장에서는 아들이 편관이 되며 직장 상사 등 윗사람이 된다. 여자 입장에서는 정부(情夫) 시누이와 엄격한 직장 상사 등이다.

정관이라는 국가의 법규에 의해 규제를 받는 합리적인 극을 뜻한다. 육친 적으로는 남자의 경우는 딸이 되고 직장 상사나 국가 권위기관 등에 해당된다. 여자의 경우는 남편이 정관이 된다. 편관은 일간인 나와 음

양이 동일한 입장에서 규제하는 경우이고 정관은 음양이 다른 입장에서
규제하는 경우이다.

〈편관 조견표〉

천간	甲	乙	丙	丁	戊	己	庚	辛	壬	癸
비견	庚	辛	壬	癸	甲	乙	丙	丁	戊	己

〈정관 조견표〉

천간	甲	乙	丙	丁	戊	己	庚	辛	壬	癸
비견	辛	庚	癸	壬	乙	甲	丁	丙	己	戊

 관이라고 무조건 나쁜 것은 아니고 적절히 관이 있어야 절제된 생활
을 할 수 있다. 지지에서 볼 때도 일간이 甲木일 경우 金이 木을 치는데
음양이 동일하면 편관이고 음양이 다르면 정관이 된다.

〈지지 편관 조견표〉

천간	甲	乙	丙	丁	戊	己	庚	辛	壬	癸
지지	申	酉	子	亥	寅	卯	午	巳	辰戌	丑未

〈지지 정관 조견표〉

천간	甲	乙	丙	丁	戊	己	庚	辛	壬	癸
지지	酉	申	亥	子	卯	寅	巳	午	丑未	辰戌

(5) 생아자(生我者)

　일간인 나를 도와주고 생해주는 오행을 뜻한다. 예로 일간이 甲木인 나를 생하게 해주는 수가 생아자가 되는데 이를 인성(印星)이라고 한다. 이때 일간인 나와 음양이 동일하면 편인(偏印)이라고 하고 음양이 다른 상태에서 나를 도와주면 정인(正印)이라고 한다.

　편인을 육친 적으로 보면 남자 입장에서 조부와 외손자가 되고 여자 입장에서는 외손자와 사위가 된다. 정인에 대해 육친 적으로 보면 남자, 여자 모두 어머니가 정인이 된다. 이때 남자는 이모 및 조부, 장인이 정인이 되며 여자는 사위와 친손자가 된다. 사주에 인성이 없으면 내 힘이 약해 세상을 살아가기가 어렵고 인성이 지나치면 남에게만 의지하려 하여 세상을 대처하는 능력이 없다. 따라서 적절한 인성이 필요하다. 일간인 나를 기준해 나를 도와주는 오행이 인성인데 음양이 동일하면 편인이 되고 음양이 다르면 정인이 된다.

〈편인 조견표〉

천간	甲	乙	丙	丁	戊	己	庚	辛	壬	癸
비견	壬	癸	甲	乙	丙	丁	戊	己	庚	辛

〈정인 조견표〉

천간	甲	乙	丙	丁	戊	己	庚	辛	壬	癸
비견	癸	壬	乙	甲	丁	丙	己	戊	辛	庚

　지지에서도 일간인 나를 돕는 오행이 인성이 된다. 예로 일간이 甲木

일 때 지지에 자나 해의 수가 인성인데 음양이 동일한 자수는 편인이고 음양이 다른 해수는 정인이 된다.

〈지지 편인 조견표〉

천간	甲	乙	丙	丁	戊	己	庚	辛	壬	癸
지지	子	亥	寅	卯	午	巳	辰戌	丑未	申	酉

〈지지 정인 조견표〉

천간	甲	乙	丙	丁	戊	己	庚	辛	壬	癸
지지	亥	子	卯	寅	巳	午	丑未	辰戌	酉	申

이상 십신의 개념을 분석하였으며 구체적 내용을 하나하나 분석하여 보자.

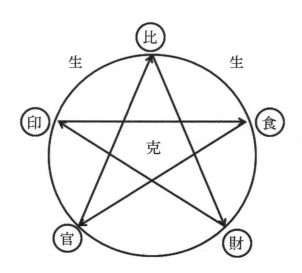

3. 십신(十神)이론

1) 비견(比肩)

비견이란 일간(日干)인 나와 동등한 위치에 있는 형제자매 및 동료를 뜻하는데 같은 오행으로 음양도 같은 경우를 말한다. 사주 내에 비견이 많으면 형제자매가 많고 끊임없는 경쟁 속에서 살아간다는 의미이다.

(1) 비견의 성질

비견은 나와 음양이 같고 비교되는 오행이라 나를 돕기도 하지만 나와 경쟁자이기도 하다. 사주의 강약에 따라서 나에게 좋은 작용을 할 수도 나쁜 작용을 할 수도 있다. 즉, 사주에 비견이나 인성이 너무 강해서 힘이 강한 사주이면 비견이 더해지는 것은 나쁘게 작용하고 반대로 힘이 너무 모자랄 땐 비견의 도움을 받아 좋은 작용을 하게 된다.

비견이 강하면 자존심과 독립적이고 진취적인 성품이 강해 남의 지배를 받기 싫어하기 때문에 직장 생활의 적응이 어렵다. 이때 같은 비견 급이라도 양의 비견급이 음으로 된 비견보다 더 강렬한 작용을 한다. 즉, 丙午, 甲寅, 壬子, 庚申, 戊辰, 戊戌등이 양인격으로 丁巳, 乙卯, 癸亥, 辛酉, 己丑, 己未등의 비견보다 더 강하다. 양인격이란 일주가 양, 양으로만 구성되어 양인격(羊刃格)이라고 하는데 비견의 작용 강도가 더 크다. 태고 적부터 숫자도 양, 양으로만 된 말을 凶의 작용이 크게 나타날까봐 고사지내고 쉬었다. 즉, 음력 1월 1일, 3월 3일, 5월 5일, 7월 7일, 9월 9일 등은 양양의 날이라 하여 고사 지내고 하늘에 凶작용을 감소시켜달라고 빌었다.

(2) 비견의 작용

사주에 힘이 강한 신강사주라면 비견으로 인해 손해를 보고 힘이 약한 신약사주라면 비견의 도움을 받는다. 천간 비견은 정신적인 자존심을 뜻하고 지지 비견은 실질적이고 활동적인 자존심으로, 지지의 비견이 천간 비견보다 영향이 더 크다.

비견이 많은 신강사주에 비견이 연주나 월주에 있으면 부모와의 인연이 박하고 부모형제 덕을 보기가 어렵고, 일주에 있으면 배우자와의 인연이 박하다. 시지에 있으면 자식 덕을 보기 힘들다.

비견이 많은 사주는 자존심이 지나쳐 직장생활이 어렵고 독립적인 자영업을 하여야 하는데, 큰 사업은 어렵고 정신적인 사업이나 학문 등 명예를 얻고 대우받는 직업을 가지는 것이 좋다. 비견으로 양인격이면 직장생활이 더욱 어렵다.

비견급으로 비견에 沖, 剋을 받으면 형제간의 사이가 좋지 않다. 合이면 형제간의 갈등이 해소된다고 보아야 한다.

비견이나 겁재는 재성(財星)을 파괴하는 성질이 있다. 이유는 木이 일간일 경우 土가 재성인데 土의 입장에서 보면 木이 관(官), 즉 칠살(七殺)이 되어 재물을 파괴하는 성질을 갖는다. 또한 비(比), 겁(劫)이 많은 사주는 형제간의 재산 싸움이 일어나고 형제로 인해 재산상의 손실을 본다.

정통적으로는 일주가 양인격인 사주는 서로 결혼을 하지 않는 것이 좋다고 하나 실제로 사주를 보면 서로 양인격일 때 서로를 존중하는 특성을 가지게 되며, 더 좋은 관계를 유지하게 되는 경우도 있다.

(3)운(運)의 작용

비견이 사주에 전혀 없거나 약한 사주도 신약사주로서 주관이 약해서 큰일을 하기가 어렵다. 사주에 비견이 전혀 없으면 형제지간의 덕을 볼 수 없다. 만약 신약 사주일 때 비견이 일주에 있다면 처덕을 볼 수 있다. 시지에 있으면 자식 덕이 있고 노년이 좋다. 결론적으로 사주에 강약에 따라 각각의 작용이 다르다.

2) 겁재(劫財)

겁재란 같은 오행으로 음양이 서로 다른 경우를 뜻한다. 예로 甲木의 경우 천간에 乙木이나 지지에 卯木이 있는 경우를 뜻한다. 이 또한 비견처럼 신강 사주에는 겁재가 해를 입히고 신약사주에는 도움을 준다. 하

지만 신강사주일 때 해를 주는 것이 비견보다 겁재가 더 凶한 작용을 한
다. 겁재는 재성을 파괴해 나쁜 작용을 하고 형제지간에 재산 싸움이 일
어날 소지가 크다.

(1) 겁재의 성질

겁재도 비견과 같이 자존심을 나타내며 비견보다 더 잔인하고 혹독한
영향을 갖는다. 겁재는 財를 파괴하는 성질을 갖기 때문에 겁재가 나쁜
작용을 할 때는 형제간의 재산 싸움이 나고 동료로 인해 금전적 손실을
입는다.

壬	癸	甲	癸
子	卯	寅	酉
년	월	일	시

사주는 인성(印星)이 많은 신강사주인데 卯의 겁재가 있어 형제 동료
로 인해 피해를 볼 가능성이 크다. 또한 겁재가 沖, 魁을 받으면 더 나쁘
다. 위의 사주에서 볼 때 甲木에 卯가 겁재인데 卯酉 沖을 받으면 겁재가
더 나쁘게 작용해 친구, 동료 및 형제로 인해 재산상의 손실이 일어날 가
능성이 더 커진다.

결론적으로 겁재가 沖, 魁을 받으면 더 흉한 작용을 한다고 보면 틀림
없다.

(2) 겁재의 작용

겁재가 있으면 재물을 헤프게 쓰는 버릇이 있어 허세가 있고 돈이 남아나지를 않는다. 특히 남자의 경우 남자에게 재가 재물이기도 하지만 부인이기도 하기 때문에 겁재가 많은 남자는 부인이 버티지 못 하고 도망가는 경우가 있고 또한 집에 돈을 가져다주지 않는 경우가 있어서 문제이다.

(3) 운(運)의 작용

사주에 겁재의 작용이 길하냐, 흉하냐의 판단은 사주의 힘이 강하냐(신강사주), 약하냐(식약사주)에 따라 판단한다. 사주에 비견 겁재 인성이 많은 신강사주는 나에게 흉하게 작용해 형제 및 친구 동료로 인해 피해를 볼 우려가 크다. 그러나 신약사주에서 비견 겁재가 있으면 길한 작용을 한다.

겁재가 길하냐 흉하냐는 사주에 힘에 따라 결정된다고 보면 된다. 그러나 사주에 겁재가 많다면 겁재의 작용은 길보다는 흉한 작용이 크다고 본다.

3) 식신(食神)

식신이란 日干인 내가 내 몸의 정기를 빼서 봉사하는 오행으로 음양이 동일한 경우를 말한다. 인간은 누구나 살아가기 위해서는 일을 해야 하는데 일을 하는 것을 食神이라고 한다. 일함은 내 몸의 정기를 설기하여 나와 내 가족을 부양하는 길성이다. 사주에 식신이 없다면 일하지 않고 남에게 의존해서 살아가는 거지 사주가 된다.

사주에 식신은 꼭 있어야 될 길성인데, 天干 食神은 정신적 활동을 뜻하고 地支 食神은 실질적이고 육체적인 활동을 뜻하나 서비스업이 발달한 현대에서는 구분할 필요가 없이 天干에 있든 地支에 있든 食神의 해석은 동일하게 한다.

(1) 육친관계

남자든 여자든 식신은 일을 뜻하며 조직 내에서는 부하직원, 후배를 말한다. 가족 관계에서는 여자 입장에서는 자식(특히 딸)이 식신이 된다.

남자는 손자나 장모가 식신이 된다. 따라서 남자는 처의 부모가 못살면 당연히 봉양하는 내용을 담고 있으니 옛 성현들의 지혜가 드러난다.

(2) 성격

식신은 자부심이 강하고 활동적이다. 식신이 사주에 있으면 매사에 적극적이고 활동적인 성격을 갖는다. 식신이 없는 사주는 게으르고 남을 배려치 않는 특성이 있다. 결론적으로 식신이 없는 사주는 거지 사주이다.

(3) 직업적 특징

월지에 식신이 있는 경우가 가장 전형적인 食神格 사주이다. 月支에 식신격 사주는 학문적 기질이 좋고, 예체능의 기질도 능하다.

木이 식신격이면 학문, 문서 일이거나 곡식이나 나무를 가지고 하는 일을 하는 경우가 많다. 火가 식신격이면 열정적이고 화려한 일로 영업이나 장사 등 다른 사람에게 나서는 일을 하는 경우가 많다. 土가 식신격이면 이재(利財)에 밝고 경영능력이 뛰어나 사업이나 장사를 하는 경우가 많다. 金이 식상격인 경우 의리가 있고 검찰, 경찰, 군인, 의사 등의 일을 하는 경우가 많다. 그리고 요즘에는 금속을 가지고 하는 일로 미용이나 디자인 컴퓨터 기계 등의 많은 일과 관련이 있다. 水가 식신격이면 인내심이 있고 지속적인 일이 좋으며 학문의 연구나 판사, 회계, 관리 쪽의 일을 하는 경우가 많다. 특히 水의 일은 옛날 농경시대에 물을 나누어 주는 것이 법의 시작으로, 법과 회계 관리의 일을 하는 경우가 많다.

(4) 운(運)의 작용

식신이 길성인 이유는 일하는 신이기도 하지만 관살(官殺)을 제거하는 작용을 하기 때문이다. 木 일간인 경우 火가 식신이 되는데 木의 관살은 金이다. 이때 식신인 火가 관성인 金을 쳐서 金의 작용을 억제시켜 七殺인 官殺의 힘을 제거시키니 식신이야말로 길성인 것이다.

식신이 관성을 제거하니 식신이야말로 장수하는 神星이다. 또한 식신이라는 것은 단순히 장수하는 것뿐만 아니라 늙어서도 힘이 있어서 활동할 수 있는 것이 식신이므로 무병장수하는 의미를 가진다.

식신이 용신(用神)이 되면 아주 좋은데 이는 사주가 강이냐 약이냐에 달려 있다. 사주의 힘이 강한 신강사주라면 식신의 작용은 더욱 길성이 된다. 이때 월주에 식신이 있으면 신체건강하고 일의 추진력이 있다고 보며, 일지에 식신이 있다면 처덕이 있고 시주에 식신이 있다면 자식 덕이 있다고 본다. 그러나 중요한 점은 식신이 沖, 剋을 받으면 그 작용은 상실된다.

사주 예1				사주 예2			
乙	辛	己	甲	乙	乙	己	甲
亥	巳	酉	戌	亥	酉	卯	子
년	월	일	시	년	월	일	시

사주 예1의 경우는 己土 일간이 월간 식신과 일주 식신을 갖고 있는데 직업적으로나 가정적으로나 성공한 사주다. 그러나 사주 예2는 卯酉충을 이루고 있으니 월지 식신이라도 흔들리고 직업도 불안정해지는 문제점이 있는 사주가 된다.

따라서 식신이 충극을 받으면 좋은 작용이 반감되고 흉하게 나타나는 경우가 많다. 天干이든 地支든 식신의 충극은 사주 구성이 좋아도 식신의 길성 작용이 크게 감소한다.

식신이라고 무조건 길성은 아니다. 사주에 식신이 너무 많으면 일간인 내가 힘이 부족해 오히려 일을 할 수 없게 된다. 내 몸은 하나인데 식신이 여럿 있으면 몸이 감당을 못하고 지쳐 쓰러질 우려가 있다. 이때는 내 몸이 다치고 가정과 일이 모두 무너질 우려가 있는데 특히 충, 극이 있다면 더욱더 그러하다.

庚	丙	丙	戊
辰	戌	辰	戌
년	월	일	시

　일간 병화가 토에 둘러 싸여있고 진술 충을 받으면 가정도 흔들리고 직업도 불안정하여 남녀 모두 나쁜 사주가 된다. 특히 여자 사주가 식신이 지나치게 많으면 일에만 매달려 과부가 될 우려가 많다. 또한 식신이 너무 많으면 남녀 모두 색정이 지나치게 발동해 색난(色難)을 겪을 가능성이 크다.

丙	庚	庚	壬
辰	子	子	午
년	월	일	시

　女命인데 식신이 너무 많고 子午 沖이라 두 번 시집 갈 사주이며 색정이 강한 사주라 한시도 남자 없이는 못사는 여자다.

　식신이 財를 보고 있으면 재록이 풍부해지는데 특히 식신이 辰戌丑未의 4庫에 있든지 식신 옆에 재가 있으면 돈 걱정이 없는 사주가 된다. 이때 물론 沖剋이 없어야 한다. 그 이유는 辰戌丑未 4庫는 중앙에 있기 때문이다.

壬	甲	丙	己
寅	辰	申	亥
년	월	일	시

위의 사주는 辰이 식신으로 4庫에 있으면서 申 金의 財를 보고 있어 부유한 사주가 된다.

식신은 財星을 보는 것을 좋아하고 印星을 보는 것을 싫어한다.

이를 도식(倒食)이라고 한다. 예로 木 일간인 경우 火가 식신인데 水는 목의 印星이 된다.

인성인 水는 火인 식신을 극하기 때문에 인성이 식신 옆에 있으면 식신의 기능이 반감되는 나쁜 작용을 한다. 甲子 일주의 경우 丙火가 식신이고 일지의 子가 甲木의 인성인데 子가 식신인 午를 극해 식신의 작용이 반감되어 나쁜 작용을 한다.

식신이 너무 많으면 내 힘이 설기되어 부부간의 갈등이 생기고 자식덕도 없고, 특히 女命의 경우 색정으로 가정이 붕괴될 우려가 있다.

丁	癸	丙	壬
未	丑	戌	辰
년	월	일	시

식신이 지나치게 많고 충극이 심해 남녀 모두 가정을 갖기가 어렵고, 자식운도 없으며, 내 몸의 설기가 지나쳐 몸이 불구가 될 가능성이 큰 사주이다. 결론적으로 식신은 길성이나, 지나치게 많지 않아야 하고 충극이 없어야만 길성인 것이다.

4) 상관(傷官)

상관이란 식신과 동일한 개념으로 日干인 내 몸을 정기를 빼서 일하는 神으로 음양이 다른 경우를 뜻한다. 예로 甲木의 경우 火 중에 巳火가 상관이며 日干과 음양이 다른 설기하는 오행을 말한다. 상관은 나의 힘을 발산시켜 무리를 이끌어가는 재능 있고 총명한 神이다. 〈子平眞銓〉에 의하면 상관은 식신보다 길신은 아니나 실로 秀氣를 발산하기에 문인이나 예술가적 기질이 많은 神이라고 표시하고 있다. 사주에 상관이 있으면 예술가적 기질이 강하다고 할 수 있다.

(1) 육친관계

상관도 식신처럼 남녀 모두 조직 내에서는 부하직원이나 후배를 뜻한다.

가족관계에서는 여자의 경우 자식(아들)이 되고 남자의 경우는 손녀나 외숙모가 상관이 된다.

(2) 성격

상관은 식신보다 더 화려하고 활동적이다. 또한 언변이 좋다. 사주 구성이 나쁜 경우 상관이 지나치면서 관이 없는 사주는 사기꾼이 될 가능성이 큰데 그 이유는 언변술이 좋기 때문이다. 사주의 힘이 강한 신강사주는 화려한 개성이 있으나 힘이 약한 신약사주의 상관은 실속 없는 겉치레 허풍쟁이가 될 가능성이 크다.

(3) 작용

사주에 상관이 많으면 화려하고 활동적인 면을 갖는다.

여자 사주에 상관이 많으면 남편을 극해 가정파탄이 올 우려가 있다. 그 이유는 상관은 관(여자 사주에 官은 남편)을 상하게 한다. 여자가 밖에서 남자처럼 활동하면 가정생활을 등한시하게 되어 가정이 깨질 우려가 있어 상관이 남편을 극하는 작용을 한다. 여자 사주에 상관이 많은 상관격 사주는 가정보다는 일을 중시해 남편을 무시하는 성향을 가지며 그로 인해 가정생활이 순탄치 못한 작용을 한다.

壬	壬	辛	癸
辰	子	亥	巳
년	월	일	시

식신 상관이 지나치게 많은 신약한 사주로써 월주 상관격인데 상관이 지나쳐 남자처럼 밖에서만 활동해 가정을 등한시하게 되어 결혼 생활이 순탄치 못해 이혼한 사주이다.

결론적으로 상관이 좋냐 나쁘냐는 사주 구성을 보고 사주가 강해(신강 사주) 상관이 용신이 되면 좋고, 사주가 약해(신약사주) 나쁜 신이 되면 나쁜 작용을 하는 것이다.

여자 사주에 시상상관(時上傷官)은 부부해로가 어렵다. 즉, 時에 상관이 있는데 天干에 상관인 경우 부부해로가 쉽지 않다.

壬	庚	甲	丁

戊	戊	戊	卯
년	월	일	시

위의 여자 사주에서 甲木이 신약하고 時干인 丁火가 상관인데 이렇게 時上傷官이면 부부가 해로하기 어렵고 중년 이후 남편과 별거할 가능성이 크다.

상관도 식신과 동일하게 재성을 보기를 원하고 관성을 꺼린다. 즉, 식신과 같이 일을 해서 돈을 벌어들이는 재성이 상관 옆에 있기를 원한다.

사주가 약한 신약사주로 상관이 너무 많으면 남녀 모두 방탕해지고 가정 파탄이 일어날 우려가 있다.

戊	丁	甲	庚
辰	巳	午	午
년	월	일	시

위의 사주에서 볼 때 甲 일간에 丁巳월에 상관격인데 甲木이 약한 신약사주라 대운이 나쁘거나 세운에 庚子년이 오면 가정이 파탄 날 우려가 있다.

5) 편재(偏財)

편재란 일간인 내가 일을 하여 재(財)를 얻는 길성으로 음양이 동일한 오행을 말한다. 음양이 동일한데 일간이 내가 극하는 경우를 말한다. 예로 일간이 甲木일 때 천간에 戊土가 편재이고 지지에는 辰戌이 편재가 된다.

사주에 편재든 정재든 재가 있어야 부유한 사주이며 천간보다는 지지에 있는 것이 더 효과적이다. 재는 활동해서 얻는 것이기에 육체이면서 실제적인 지지에 있는 것이 재의 효과가 더 크다. 또한 지지의 지장간에 재가 숨어있어도 편재의 효과는 크다.

편재는 비정상적으로 얻는 경우가 많아 겉으로 드러난 경우보다는 숨어있는 경우가 많기 때문이다. 편재는 불확정하게 얻어지는 돈이기 때문에 유산, 부동산 투기, 주식투자, 복권 등 횡재하는 돈이기에 지장간에 숨어있어야 얻어지는 경우가 많다.

(1) 육친관계

남자 입장에서는 본처가 아닌 첩이나 애인이 되고 여자 입장에서는 시어머니와 외손자가 편재가 된다. 특히 시어머니가 편재임이 중요하다.

농업시대였던 시대에는 집안 창고 열쇠를 시어머니가 며느리에게 맡긴다. 며느리는 시어머니의 대를 이어받아 집안 살림을 꾸려나갔다. 곡간 열쇠가 바로 재물이니 시어머니에게서 편재를 얻는 것이 된다. 며느리는 편재 욕심이 있으면 시어머니에게 최선을 다해야 편재가 얻어진다.

(2) 성격

편재는 부정확하고 횡재하는 재물로써 편재운이 좋으면 부동산 및 주식투자로 이득을 보거나 복권 당첨 운이 생긴다.

편재는 지장간에 있어도 효과가 있다. 편재 자체가 부정확하고 은밀한 돈이기 때문에 지지 내의 지장간에 숨어있는 게 좋을 때가 많다. 편재가 겉으로 나타나지 않고 지장간에 내재되어 있어도 편재의 효과는 있다.

(3) 운의 작용

편재의 작용은 천간보다는 지지(지장간 포함)에 있는 게 더 효과적이다. 편재에는 陽의 편재와 陰의 편재가 있는데 陽 일간이 陽의 財를 보면 陽의 편재이고 陰 일간이 陰의 편재를 보면 陰의 편재인데 陽의 편재는 제조업 쪽에서 陰의 편재는 서비스업 쪽에서 유리하다고 원론적으로는 하나 현재에서는 크게 상관하지 않는다.

사주에 편재가 있다고 다 복을 얻는 것은 아니다. 편재를 얻으려면 사주가 강한 신강사주이어야 한다. 편재가 지나치게 많아 신약한 사주는 오히려 돈 때문에 고통을 받고 빈곤한 사주가 된다.

사주 예1				사주 예2			
壬	庚	甲	丁	丁	庚	丙	甲
卯	戌	戌	卯	巳	戌	申	午
년	월	일	시	년	월	일	시

사주 예1의 경우는 편재가 지나치게 많아 신약한 재다신약(財多身弱) 사주이다. 도처에 재가 있으나 재를 얻을 힘이 약하다. 남자 사주라면 돈

과 여자로 평생 고생할 사주이며, 여자 사주면 결혼 생활이 어렵고 신경 쇠약에 걸릴 사주이다. 그러나 사주 예2의 경우는 丙火의 힘이 강한 신강사주(身强四柱)로 식신과 편재를 보고 있어 부유할 가능성이 큰 사주이다. 물론 대운을 잘 만나야만 부자가 된다.

신강사주라야 편재운이 있어 좋으나 신강사주라도 인성이 많은 신강사주는 큰 사업가 사주가 아니며 비겁이 있는 신강사주라야 부자 사주가 된다.

인성이 지나치게 많은 신강사주는 나의 의지력이 약해 큰 재물을 얻기가 어렵고 따라서 큰 사업가가 되기는 어렵다.

편재는 일지에 있는 것이 가장 효과가 크고 다음은 월지, 시지 순이다. 그러나 신약한 사주라면 일주에 편재가 있어도 돈 때문에 고통을 받게 된다.

신약한 사주로 시지에 편재가 있다면 자식 때문에 고통을 받는다.

壬	壬	辛	辛
辰	子	丑	卯
년	월	일	시

水가 많은 식신 상관격 사주로 여자 사주라면 반드시 자기 직업을 갖고 살아갈 명이다. 時의 卯가 편재인데 신약한 사주로 時의 편재라 노후에 자식 때문에 고통을 받는데 실제로 정신박약아 자식을 둔 사주이다. 식신격이라 열심히 일해 경제적 여유는 있으나 자식으로 인해 많은 돈이 지출되고 그로 인해 고통을 받는다.

신강 사주라도 편재가 沖剋을 받으면 재를 얻기가 어렵다. 오히려 돈 때문에 고통을 받을 우려가 많다.

신강사주로 지장간에 편재가 숨어있어도 재성(財星)의 효과가 좋으며 특히 편재가 용신이 되면 사업가 사주가 되며 횡재할 운이 있다.

癸	乙	丁	丁
亥	卯	巳	未
년	월	일	시

위의 사주에서 보듯 丁火가 강한데 巳중에 庚金이 지장간에 숨어있으므로 편재와 정재의 효과가 있어 서비스업으로 성공할 사주이다.

결론적으로 신약보다는 비견 겁재가 강한 신강사주여야 편재의 덕을 볼 수 있으며 충극이 없어야 하고 편재가 용신이 되는 사주여야 편재의 덕이 크다.

6) 정재(正財)

정재란 일간이 음양을 달리해 내가 극해서 얻는 오행을 뜻한다. 예로 일간이 甲木일 경우 천간의 己土나 지지의 丑이나 未가 정재가 된다.

정재도 편재와 같은 의미이나 편재보다는 정직하고 정기적인 월급 같은 재물이고 정재는 노력한 대가만큼 얻어지는 재(財로)써 지장간에 있어도 같은 효과가 있다.

(1) 육친관계

남녀 모두 아버지이다.

남자의 경우는 정해지고 안정된 부인으로 본처가 정재이다.

(2) 성격

정재의 성격은 성실하고 정직한 재물로써 노력한 대가만큼 수익이 얻어진다.

보수적이고 절약정신이 강한 성질을 갖고 있다.

(3) 운(運)의 작용

정재도 편재와 같이 신약한 것보다는 신강한 사주가 좋아하며 인성신강보다는 비겁신강이 더 좋다.

정재도 천간보다는 지지에 있는 것이 더 힘이 강하고 지장간에 숨어 있어도 그 효과는 동일하다.

정재는 길신이라 순행되어야 좋다. 즉, 식신, 상관을 좋아해 신상이 없는 정재는 재성의 역할을 다하지 못한다.

정재도 편재와 같이 충극을 싫어하며 충극을 받으면 그 효과가 없다.

辛	己	癸	戊
丑	亥	巳	午
년	월	일	시

巳亥沖으로 재의 기능이 무너져 있으며 특히 木이 부족해 식신이 없다. 식상이 없는 財는 큰 효과가 없어 부유한 사주가 못된다.

정재는 편재와 혼재되는 것을 싫어하며 특히 財가 너무 많은 재다신약(財多身弱)이 되면 나쁘다. 특히 재다신약으로 월지에 재가 있으면 조실부모할 가능성이 크고 일지에 財가 있다면 처복이 없고 시지에 있으면 자식 덕이 없다.

庚	己	甲	戊
午	丑	辰	辰
년	월	일	시

위 사주의 경우는 土가 많은 재다신약 사주로 부모와 처덕이 없으며 돈 때문에 노후에도 고통을 받는 사주가 된다.

정재가 여러 개 겹쳐있거나 또는 편재와 혼재되면 본처 이외에 첩을 두며 첩으로 인해 고통을 받는다.

丙	己	辛	甲
子	亥	亥	午
년	월	일	시

신약한 사주인데 亥의 지장간에 甲木이 있다. 亥亥라 지장간에 甲木이 겹쳐 있고 이 甲木이 정재가 된다. 이는 부인이 둘이라는 뜻으로 두 집 살림할 사주이며 두 여자를 거느리고 고통을 받을 사주이다. 특히 재운수로 봤을 때 50-60대 운에 乙亥 대운으로 그때 그 고통을 받는 사주이다.

결론적으로 정재도 편재와 같이 순행되고 충극을 받지 말고 인성신강보다는 비겁신강이어야 부유한 정재를 얻는다. 물론 지장간에 있는 정재도 같은 효과를 갖는다.

7) 편관(偏官)

편관이란 일간인 나를 극하는 오행으로 음양이 동일한 경우이며 칠살(七殺)이라고 한다. 즉, 천간의 충과 지지의 충의 의미를 갖는다. 예로 천간에서는 甲庚沖, 乙辛沖, 丙壬沖, 丁癸沖이 되며 지지에서는 子午卯酉 도화충, 寅申巳亥 역마충이 된다.

(1) 육친관계

남자의 경우는 자식(아들)이 편관이다. 이는 남자의 경우 자식이 생기면 책임을 져야 하기에 책임감을 가지고 나를 스스로 제어하기 때문이다.

여자의 경우는 남편 외의 애인이 편관이다. 관이라는 것은 본래의 의미가 나를 관여하고 나의 울타리가 되어 주는 것이라서 관이 남편인데 그로 인해서 극하는 부분이 있어 애인으로 본다. 하지만 사주에 관이 전혀 없는 사주일 때는 편관도 정상적인 남편으로 보아야 한다.

(2) 성격

원리 원칙을 중시하는 상사의 마음이라 고독하고 잔인한 성격을 갖고 있다. 즉, 죄를 지면 인정사정없이 처벌하는 성격이다.

그로 인해 의협심이 강하고 오지랖이 넓다. 사주가 편관격은 법을 잘 지키고 불의를 보면 못 참는다.

사주에 편관이 많으면 조급한 성격을 갖고 화를 잘 낸다.

(3) 운의 작용

편관은 칠살이라 나쁘다. 하지만 내 힘이 강한 신강사주라면 편관이 용신(用神)이 되어 군인, 검찰, 경찰 등 명령 계통에서 성공할 수 있다.

丙	丙	戊	戊
戌	申	寅	午
년	월	일	시

위의 사주를 보면 土가 강한 신강사주로 水와 木이 용신으로 木인 寅이 편관인데 편관이 용신이 되어 안정된 직장인 관에서 일하는 직장으로 또한 식상이 申을 월주에 가지고 있으므로 金을 식상으로 하는 관에서 일할 사주로 군인, 경찰, 검찰 계통에서 종사하면 성공할 수 있다.

편관은 월지에 있는 것이 가장 효과적이다. 그 이유는 편관은 법의 마음이라 월지의 어머니에게 엄한 교육을 받아 올바르게 평생을 살아간다. 즉, 법을 지키고 살아가는 올바른 삶을 산다.

戊	癸	丁	己
寅	亥	卯	酉
년	월	일	시

위 사주에서 볼 때 월지의 丁火라 편관격(偏官格)인데 신강(身强)사주라 엄한 교육을 받아 법관으로 성공할 수 있는 사주이다.

편관이 내 사주에 좋냐 나쁘냐는 사주가 신강이냐 신약이냐를 보고 판단하는 것이며 신강사주로 편관이 용신이 되면 명령계통에서 성공계통에서 성공할 수 있다.

만약 신약사주로 편관이 많고 충극을 받으면 고통스러운 삶을 살고 불구자가 될 가능성도 있다.

戊	癸	丁	辛
子	亥	巳	亥
년	월	일	시

위의 사주는 신약사주인 관살혼잡(官殺混雜) 사주로 관이 기신인데 亥월의 편관과 亥시의 편관이 나의 육체에 해당하는 일지를 역마로 충하므로 불구자가 될 수도 있는 사주이다.

사주에 편관이 전혀 없으면 통제력이 없어 천방지축으로 제멋대로 살아갈 가능성이 있고 법을 지키지 않고 남을 해롭게 할 우려가 있다.

여자 사주에 편관이 많으면 남편을 극하고 성적으로 문란할 가능성이 크다.

8) 정관(正官)

일간인 나를 극하는 오행으로 음양이 다른 경우인데 甲木의 경우 辛金이 정관이 된다.

(1) 육친 관계

남자의 경우에는 자식(딸)이다. 여자의 경우에는 정상적인 남편이 된다.
일반적으로 조직 내에서는 다정하고 일반적인 직장상사가 정관이다.
따라서 남자 여자 모두의 경우 정관은 직장 생활을 뜻하고 여자의 경우는 나를 책임져 주는 남편이자 결혼 관계 및 가정생활을 표시한다.

(2) 성격

정관이 마음은 정직하고 성실하고 명예와 신용을 중시한다. 즉, 법을 지키고 성실하게 살아가는 마음이다.
정관은 남자의 경우 직장에서의 녹신(祿神)이 되어 직장 내의 직위를 표시한다.
정관은 월지에 있는 것이 가장 중요하고 다음은 일지에 있는 것이 좋다. 격국에서 정관격은 월지를 기준해 월지에 정관이 있어야 정관격(正官格)이 된다.

(3) 운의 작용

　정관이 월지에 들어있을 때가 가장 잘 작용하며 정관의 작용은 사주가 신강이냐, 신약이냐에 따라 길흉을 판단한다.

　신강사주로 정관이 용신이면 공직계통에서 성공할 수 있다.

甲	丙	己	丁
子	寅	丑	卯
년	월	일	시

　위의 사주에서 寅월의 己土라 정관격 사주인데 寅이 용신이라 공직에서 크게 성공한 사주이다.

　사주가 신약하여 관살혼잡이 되면 남자는 직장을 자주 옮겨 직장생활이 불안정해지고 여자는 성이 문란해져 가정생활이 어려워진다.

　만약에 사주에 관이 전혀 없으면 생활이 방탕해지며 특히 여자의 경우는 남편복이 없어 고독해질 가능성이 크다. 즉, 관이 지장간에도 없는 경우는 특히 더 남편복이 없다.

壬	壬	辛	己
辰	子	丑	亥
년	월	일	시

　위의 사주는 官이 火가 전혀 없고 임수가 둘이 버티고 있어서 관이 들어올 수 없는 사주로 결혼하기 힘든 사주이다.

여자 사주에는 정관이 하나쯤 있어야 남편복이 있다. 물론 지장간에 정관이 있어도 남편복이 있다.

정관이 충극을 받으면 정관이 나쁘게 작용되어 남자는 직장생활이 불안정해지고 여자는 가정이 파탄될 우려가 있다.

辛	丙	甲	庚
酉	申	寅	午
년	월	일	시

위의 사주와 같이 寅申충, 甲庚충으로 정관이 충을 받으면 여러 면에서 나쁘게 작용한다.

사주상에 나와 있는 아들 딸 감별 기준은

남자 - 편관(음양동일) 아들, 정관(음양상이) 딸
여자 - 식신(음양동일) 딸, 상관(음양상이) 아들

으로 정리할 수 있다. 그리고 아이들은 본기가 아닌 지장간에 있어도 같은 역할을 하며 평균을 내는 것이 아니라 합산을 하므로 사주에 없지 않는 한 크게 관여하지 않는다.

9) 편인(偏印)

편인이란 일간인 나를 생해주는 오행으로 음양이 동일한 오행을 뜻한다. 甲木일 경우 壬子가 편인이 된다. 편인은 편관의 악살(惡殺)을 제거해주는 역할을 하여 殺을 印으로 화하는 기능을 갖는다.

(1) 육친관계

편인은 정이 없는 계모이며 또는 사위나 이모가 편인이다.

(2) 성격

정이 없는 고독한 마음을 갖고 있으며 사주에 편인이 많으면 정신적으로 베푸는 직업을 갖는 게 많다. 종교가 등에 편인이 많고 스님이나 수녀 등은 식상보다는 인성이 강하다.

(3) 운의 작용

乙	乙	丁	壬
卯	酉	亥	寅
년	월	일	시

위의 사주는 식상이 없고 인성이 지나쳐 직업을 갖기 어려워서 종교계에 종사하는 사주가 된다.

사주에 편인이 너무 많으면 고독하고 부인과 이별할 가능성이 크다.

스님이나 수녀들이 편인격이 많다.

식상이 없고 인성만 많으면 거지 사주이다. 위의 사주를 볼 때 丁火가 土가 없어 식상이 없고 木이 많은 인성 위주로 되어 있어 고독한 사주가 된다.

편인이 많으면 이복형제가 있을 가능성이 있다.

년	월	일	시
丁	辛	甲	庚
亥	亥	午	午

위의 사주에서 亥가 반복되어 있고 더욱이 亥 중에 壬수인 편인이 들어 있으며 또한 형제인 甲인 비견도 있어 계모에게서 나온 나와 다른 형제가 있는 사주로 이복형제가 있는 사주가 된다.

10) 정인(正印)

정인이란 일간인 나를 生해주는 오행으로 음양이 다른 경우를 뜻한다. 甲木의 경우 癸亥가 정인이 된다. 어머니가 자식을 생각하는 것이 정인이다.

(1) 육친관계

남녀 모두 어머니이고 여자의 경우는 사위도 정인이 된다.

(2) 성격

정인은 학문의 마음으로 지식과 명예를 중시한다. 정인이 용신이 되면 학문적으로 성공할 수 있다.

정인의 마음은 베푸는 마음이라 학문의 마음이다. 정인이 용신인 사람은 사업보다는 학문의 길로 가야 성공한다.

戊	癸	丁	己
子	亥	巳	酉
년	월	일	시

위 사주는 관살혼잡(官殺混雜) 사주로 木인 인성이 용신이라 학문으로 성공할 수 있는 사주이다. 관살이 지나친 사주는 인성이 용신이 되는데 사주는 학문 계통으로 성공할 수 있다.

정인은 어머니 마음이라 정인이 많은 사람은 가족애가 깊고 이론을 중시한다.

(3) 운의 작용

정인이 용신인 사주는 관살이 많은 사주이며 이 정인이 용신인 경우는 학문을 하는 것이 좋다.

문서운과 진학운도 정인에 달려 있다. 문서운이 바로 정인에 해당되니 정인운이 좋은 해는 문서운이나 진학 운이 좋게 작용한다.

정인이 용신이고 문창성(文昌星)이나 화개성(華蓋星)이 같이 있으면 학문적으로 성공해 박사 칭호를 받는다. 문창성이란 학문하는 성으로 甲은 巳, 乙은 午, 丙이나 戊는 申, 丁이나 己는 酉, 庚은 亥, 辛은 子, 壬은 寅, 癸는 卯가 문창성인데 인성운이 용신이 되고 문창성이 사주에 있으면 학문적으로 대성한다.

사주에 인성이 지나치게 많으면 거지 사주이며 식신이 없다면 사업가로 성공할 수 없다. 인성이 지나치게 많은 사주에서 인성운이 또 오면 사업이 망하고 가정이 붕괴될 우려가 있다.

壬	壬	甲	壬
子	子	午	甲
년	월	일	시

위의 사주는 壬水가 지나치게 많아 인성이 많은 사주인데 또 대운이나 세운에서 壬子년이나 癸亥년이 오게 되면 가정이 파괴될 우려가 있다.

사주에 인성이 하나도 없으면 주위에서 도와주는 사람이 전혀 없어 인덕이 없고 고독할 우려가 있다. 특히 관살이 강하고 인성이 전혀 없다면 고통스러운 사주가 된다.

V

사주 응용편

1. 충(沖)의 작용

1) 충극(沖剋)의 의미

충극이 사주에 있다는 것은 일단 편하지 않은 문제를 가지고 있다는 의미를 가진다. 그 중에서도 천간의 충 甲庚沖, 乙辛沖, 丙壬沖, 丁癸沖 은 정신적인 문제로 스트레스를 많이 받는 다는 의미를 가지며 그 각각 이 십신상 해석으로 해보면 무엇 때문에 문제가 있고 그로 인해서 무엇 이 문제인지를 알 수가 있다.

지지의 충 또한 십신으로 해석하는 것이 좋은데 천간의 충은 정신적 이라면 지지는 실제적이고 육체적인 것으로 실제로 영향을 미치는 경우 가 많다. 그렇기 때문에 지지의 충을 더 무섭게 보고 조심하는 것이 옳 다. 또한 그 중에서도 일주를 기준으로 들어오는 충이 실제적인 역할을 한다고 볼 수 있다.

2) 지지의 상충(相沖)

(1) 子午, 卯酉沖 도화충

자오묘유(子午,卯酉)충은 일명 **도화충(桃花沖)**이라고 하는데 복숭아 가 여자의 엉덩이를 의미하고 그 꽃으로 주로 주색잡기로 인한 피해이다. 하지만 조금 더 원론적으로 생각해본다면 도화충이라는 것은 화려하여 주목받고 드러나게 됨으로 인해서 문제가 생기는 것을 말한다. 일단 도화라는 것은 12지지에 4개가 있고 그것은 각 계절에 중심을 의미하는 것으로 그 계절에서 가장 화려하고 힘이 강한 것을 의미한다. 그러므로 도화를 가지고 있다는 것은 남에게 인정받기를 좋아하며 나서기를 좋아하고 화려하다는 의미를 가지고 있다. 그래서 도화만을 가지고 있다고 해서 나쁜 것은 아니나 그것이 충이 된다면 그 성향으로 인한 문제가 있음을 의미한다.

甲	庚	庚	丙
午	午	子	戌
년	월	일	시

위의 사주를 쉽게 분석해보면 일원이 庚金으로

금	수	목	화	토
2	1	1	3	1

나의 힘인 금과 인성이 토의 합이 3자로 힘이 약한 사주로 볼 수 있다.

이때에 관이 火가 나의 일지인 水와 子午沖을 하는 사주로 더욱이 천간에서도 甲庚沖이 있으므로 재물로 인하여 힘든 사주로 직장이나 일의 문제가 잦고 그로 인해서 화를 당하게 되는 사주이다. 또한 이것이 도화충으로 인한 것이므로 문제가 쉽게 알려지게 된다. 더욱이 남녀 모두 색기로 인해 가정이 무너지고 패가망신할 수 있다. 즉, 놀기 좋아하는 사주로 그것을 제어하지 못한다면 무수한 문제 속에서 헤어 나오지 못하고 인생을 실패할 수 있는 사주이다.

子午卯酉충이 월지와 일지가 충하는 경우 부모의 덕이 없고 사이가 좋지 않아 문제가 되는 사주이다.

특히 子午충의 경우 여자의 경우는 子가 자궁이라서 유산을 한다거나 부인과질병을 얻게 될 수도 있으니 주의하는 것이 좋다.

己	癸	丁	戊
卯	酉	卯	申
년	월	일	시

위의 사주를 쉽게 분석해보면 일원이 丁火로

화	토	금	수	목
1	2	2	1	2

나의 힘인 火와 木이 3자로 사주가 힘이 없음을 알 수 있다.

이때에 재성(財星)인 金이 나의 인성(印星)과 卯酉沖을 가지는 사주로 인성인 부모와 재성인 처와의 관계가 좋지 않고 그로 인해서 집안에 문제가 많은 사주임을 알 수 있다. 더욱이 천간에서 관성(官星)이 나와 충을 하는데 여기서 관성의 자리가 아버지의 자리이므로 부모와의 관계가 전체적으로 좋지 않고 가정이 평탄하지 못하는 사주이다.

⑵ 寅申, 巳亥沖 역마충

寅申, 巳亥충은 일명 **역마(驛馬)충**이라 한다. 하지만 조금 더 원론적으로 생각해본다면 역마충이라는 것은 활동적이고 가만히 있지 못함으로써 문제가 생기는 것을 말한다. 일단 역마라는 것은 12지지에 4개가 있고 그것은 사계절의 시작으로 그 계절에서 가장 활동적이고 변화를 가져오는 것을 의미한다. 그러므로 역마를 가지고 있다는 것은 한자리에 가만히 있지 못하며 특별한 목적이 없더라도 돌아다니기를 좋아하고 활동적이라는 의미를 가지고 있다. 그래서 역마만을 가지고 있다고 해서 나쁜 것은 아니나, 그것이 충이 된다면 돌아다니다가 다친다는 의미로 교통사고를 당할 수도 있다는 의미를 가지며 그것이 단순히 발이 움직인다는 의미만 있는 것이 아니라 직장을 옮기거나 한곳에 안주하지 못한다는 의미도 가지고 있다.

戊	庚	甲	己
子	申	寅	巳
년	월	일	시

위의 사주를 쉽게 분석해보면 일원이 甲木으로

목	화	토	금	수
2	1	2	2	1

나의 힘인 목과 수가 3자로 사주가 힘이 없음을 알 수 있다. 이때에 관

성(官星)인 금이 나의 비겁(比劫)과 寅申충을 가지는 사주로 관성인 직장으로 인해서 문제가 있는 사주이며 역마충으로 한 직장에서 오래 있기가 힘들며 더욱이 인신사 3형살로 식상과도 문제가 있는 사주로 한 직장이나 한 자리에 있기가 힘들고 여자 사주의 경우에는 남편과의 문제도 있어 편안히 살지 못하는 사주이다.

庚	丁	丁	辛
子	亥	巳	亥
년	월	일	시

위의 사주를 쉽게 분석해보면 일원이 丁火로

화	토	금	수	목
3	0	2	3	0

나의 힘인 화와 목이 3자로 사주가 힘이 없음을 알 수 있다.

이때에 관성(官星)인 수가 나의 비겁(比劫)인 화와 巳亥충을 가지는 사주로 관성인 직장으로 인해서 문제가 있는 사주이며 역마충으로 한 직장에서 오래 있기가 힘들며 사해충이 중복되어서 들어오므로 인해서 어릴 적에 교통사고로 인해 불구자가 될 수도 있는 사주이다. 더욱이 木인 인성이 약한 사주에 亥의 지장간인 甲木이 다치는 사주로 부모와의 연도 없는 사주이고 직장 변동이 심하고 힘든 사주이다.

⑶ 辰戌, 丑未沖 화개충

辰戌, 丑未충은 일명 **화개살(華蓋殺)**이라고 하는데 예체능의 기술이나 문장력이 있는 星인데 창의력이 있으며 똑똑한 특성을 가진다. 그런데 충이 될 때는 창의적인 성향으로 인한 문제로 안주하지 못하고 항상 새로운 것을 찾는 것 때문에 안정되지를 못한다.

일단 화개라는 것은 12지지에 4개가 있고 그것은 사계절에 마무리를 의미하는 것으로 그 계절에서 가장 안정적이고 것을 의미한다. 그러므로 화개를 가지고 있다는 것은 예체능적인 재능이자 창의력을 가지고 있고 돈이나 명예 등을 잘 모으는 성향을 가지고 있다. 그래서 화개만을 가지고 있다고 해서 나쁜 것은 아니나 그것이 충이 된다면 안정적인 것을 깨는 살로서 가정, 재물, 직장, 학문 등을 깰 수 있다는 의미를 가지며 특히 초년에 화개충이 있으면 어린 시절 학업이 중단되고 가정이 불우할 수 있다.

더욱이 화개가 배우자 자리로 충하면 특히 안 좋다. 또한 건강상으로 토는 몸 중에 위장의 의미를 가지므로 토와 토가 충하는 것이 화개이므로 화개충이 있는 사주는 위장이나 근육, 피부가 안 좋은 경향을 가지고 있다.

乙	庚	甲	戊
亥	辰	戌	辰
년	월	일	시

위의 사주를 쉽게 분석해보면 일원이 甲木로

목	화	토	금	수
2	0	4	1	1

나의 힘인 목과 수가 3자로 사주가 힘이 없음을 알 수 있다.

이때에 재성(財星)인 土끼리 辰戌충을 가지는 사주로 재성인 돈이나 기회 때문에 안정된 재물이나 직장이 흔들리는 사주이며 가정생활도 순탄하지 못한 사주이다. 특히 남자의 경우는 財가 배우자이므로 여자로 인해 삶이 힘들어지며 결혼도 많이 할 수 있는 사주이다. 더욱이 힘이 없으므로 내가 원해서 한다기보다 여난으로 인해서 힘든 사주가 된다. 또한 월주와 일주가 다 충이므로 부모와의 관계도 좋지 않으며 자식 덕도 없는 사주이다.

甲	丁	辛	己
子	丑	未	丑
년	월	일	시

위의 사주를 쉽게 분석해보면 일원이 辛金으로

금	수	목	화	토
1	1	1	1	4

나의 힘인 금과 토가 5자로 사주가 힘이 강한 사주이고 그중에서도 인성이 강한 신강사주이다.

이때에 편인(偏印)인 토끼리 丑未충을 가지는 사주로 인성인 사람으로 인해서 문제가 많은 사주이다. 사람이 주위에 많아 많은 도움을 받기도 하지만 그 사람 때문에 다시 말썽이 되어서 내가 가진 것들을 잃게 되는 사주로 사람을 얼마나 잘 관리를 하고 나 자신을 제어하느냐에 따라서 사주가 좋아질 수도 있는 사주이다.

3) 삼형살(三形殺)

삼형살이란 지지의 沖중에서 더 강도가 강한 殺(살)이다. 이는 사주에 충이되는 것이 3개가 모여서 되는 것으로 지장간을 보면 나의 본기를 더 크게 상하게 하는 것을 알 수 있다. 또한 형살이라는 것은 감옥에 갈 수도 있다는 의미를 가지고 있다.

(1) 寅申巳 3형살

乙	甲	丙	癸
巳	申	寅	巳
년	월	일	시

위의 사주를 쉽게 분석해보면 일원이 丙火으로

화	토	금	수	목
3	0	1	1	3

나의 힘인 화과 목가 6자로 사주가 힘이 강한 신강사주이다.

이때에 寅(甲丙戊)를 申(庚壬戊) 巳(丙庚戊)가 같이 충하므로 인성인 부모운이 없고 건강상으로도 목인 신경계가 안 좋다. 그리고 역마충이 강하므로 교통사고로 죽을 수도 있는 사주로 움직이지 않을 수는 없으나 항상 조심하고 급하지 않게 행동하는 것이 좋다.

(2) 子卯형살 또는 子卯酉 3형살

己	癸	丙	戊
卯	酉	子	子
년	월	일	시

위의 사주를 쉽게 분석해보면 일원이 丙火로

화	토	금	수	목
1	2	1	3	1

나의 힘인 화와 목이 2자로 사주가 힘이 약한 사주이다.

子卯酉 3형살로 인해서 인기가 많고 끼가 많은 사주이나 주색잡기에 빠져 패가망신하는 사주이다. 돈을 모으면 주색잡기로 돈을 탕진하고 가정도 깨져 노후도 쓸쓸한 사주이다.

(3) 丑戌未 3형살

丙	乙	癸	己
戌	未	丑	未
년	월	일	시

위의 사주를 쉽게 분석해보면 일원이 癸水로

수	목	화	토	금
1	1	1	5	0

나의 힘인 수와 금이 1자로 사주가 힘이 약한 사주이다.

관성인 土가 많은 관살혼잡사주에 丑戌未 3형살을 가지므로 인해서 직장에 문제가 많은 사주이고 여자라면 결혼을 여러 번 할 사주이다. 초년부터 지장간에 인성인 金이 충을 받으므로 부모 덕이 없고 위장질환을 겪는 사주이다.

(4) 寅申巳亥 4형살 제왕격(帝王格) 사주

丁	辛	庚	戊
巳	亥	申	寅
년	월	일	시

위의 사주를 쉽게 분석해보면 일원이 庚金이면서 庚申일주로 60갑자

중 가장 강력한 힘을 가지고 있는 일주이다.

금	수	목	화	토
3	1	1	2	1

　나의 힘인 金와 土가 4자이면서 寅申巳亥 지장간에 다 土가 들어있는 신강한 사주이다. 더욱이 庚申일주로 내가 아주 고집스러우면서 강한 사주이다.

　사주는 팔자가 강한 제왕격 사주라고 한다. 즉, 왕이 될 수는 있으나 인생은 기구하다. 연지나 월지의 충이라서 부모형제 조상 덕이 없어 초년에 고생을 하며 寅申沖이 재성이 파괴되어 처덕이 없고 여러 번 장가갈 사주이다. 더욱이 말년이 巳亥沖으로 노후가 좋지 않고 자식 운이 없는 사주이다. 이와 같은 사주가 바로 고 박정희 대통령의 사주인데, 이와 같은 제왕격 사주로 총칼로 일어났으나 끝이 좋지 않은 공통점을 가지고 있다.

⑸ 辰戌丑未 4형살 제왕격(帝王格) 사주

戊	乙	己	甲
辰	丑	未	戌
년	월	일	시

　위의 사주를 쉽게 분석해보면 일원이 己土로

토	금	수	목	화
6	0	0	2	0

나의 힘인 금와 토가 6자인 신강사주이다.

辰戌丑未의 제왕격 사주의 특성은 중도와 중용의 성향을 강하게 가지고 있는 제왕으로 고 김영삼 대통령 사주이다. 누구든 자기편으로 만들 수 있는 사주로서 자신이 똑똑하거나 강하지는 않지만 적도 내편으로 만들 수 있는 중도적인 성향을 가지고 있다. 이는 역사적으로 볼 때도 김영삼 대통령은 적이나 다름없는 노태우와 합당을 하면서 대통령에 오른 것만 봐도 알 수 있다. 또한 한유방도 용맹한 장수라기보다 항우에 대항하는 세력을 모아 결국에는 항우를 이기고 왕이 된 사주이다.

⑹ 충극의 작용

충극을 받는다는 것은 일단 사주에 평지풍파가 일어난다는 것을 의미한다. 하지만 이 충극이 용신으로 작용을 할 때에는 나에게 기회가 될 수도 있으므로 반드시 충극이 있다고 해서 다 나쁘다고 해석해서는 안 된다. 충극이 어떻게 들어오면 나에게 어떻게 작용을 하는지 그 작용이 나에게 이로운지를 따져보고 해석하는 것이 옳다. 하지만 그래도 충극은 충극인지라 아무리 이롭게 들어온다고 해서 충극 자체가 없어지는 것이 아님을 알아야 한다.

십신의 역할에서의 충극과 연주, 월주, 일주 시주에 따른 충극을 보고 그것이 나에게 각각 어떤 작용을 하는지를 살펴보아야 한다. 월주와 일주가 충할 때는 부모의 덕이 없고 일주와 시주가 충할 때는 자식으로 인해서 힘든 사주이다. 또한 인성이 다치게 되면 부모와의 연이 없는 것이 된다. 이처럼 단순히 충이 있다는 것만이 아니라 위치나 역할 그로 인한 작용까지 다 살펴보아야 한다.

2. 삼합(三合)의 작용

1) 삼합의 작용

삼합이란 지지의 세 글자가 합해 오행을 표시하는 경우로 申子辰은 水局(수국)삼합, 亥卯未는 木局(목국)삼합, 巳酉丑은 金局(금국)삼합, 寅午戌은 火局(화국)삼합이 된다. 사주에서 삼합이 되어 하나의 오행으로 변할 때 그 오행이 나의 사주에 좋냐 나쁘냐에 따라서 좋으면 용신이 되고 나쁘면 기신으로 작용하게 된다. 그래서 단순히 합이 된다고만 해서 좋다고 해석해서는 안 된다.

戊	壬	壬	癸
辰	申	子	卯
년	월	일	시

위의 사주를 쉽게 분석해보면 일원이 壬水로

수	목	화	토	금
4	1	0	2	1

나의 힘인 수와 금이 5자인 신강사주이다.

그런데 여기에 申子辰 水局(수국) 삼합이 되어 수가 더욱 강해지는 사주로 물에 빠져죽을 수 있는 사주이다. 물론 해석상 이런 사주를 보았다고 해서 당신 물에 빠져 죽는다고 말하는 것은 잘못된 것이고 당신의 사주에 물이 너무 많으니 물을 조심하라고 하는 것이 옳다.

庚	辛	辛	己
辰	巳	酉	丑
년	월	일	시

위의 사주를 쉽게 분석해보면 일원이 辛金으로

금	수	목	화	토
4	0	0	1	3

나의 힘인 금과 토가 7자인 신강사주이다.

그런데 여기에 巳酉丑 金局(금국) 삼합이 되어 金이 더욱 강해지는 사주로 金으로 해를 입는 사주로 교통사고를 사망할 수 있는 사주이다.

甲	辛	乙	癸
戌	亥	卯	未
년	월	일	시

위의 사주를 쉽게 분석해보면 일원이 乙木으로

목	화	토	금	수
3	0	2	1	2

　나의 힘인 목과 수가 5자인 신강사주이다.

　그런데 여기에 亥卯未 木局(목국) 삼합이 되어 木이 더욱 강해지는 사주로 木으로 해를 입는 사주로 木이 지나쳐 화재로 사망할 수 있는 사주이다.

丁	丙	戊	壬
亥	午	寅	戌
년	월	일	시

　위의 사주를 쉽게 분석해보면 일원이 戊土로

토	금	수	목	화
2	0	2	1	3

　나의 힘인 토와 화가 5자인 신강사주이다.

　그런데 여기에 寅午戌 火局(화국) 삼합이 되어 火가 더욱 강해지는 사주로 불(火)로 해를 입는 사주로 화가 지나쳐 화재로 사망할 수 있는 사주이다.

　이렇듯 삼합이 되어 나쁜 경우가 생각보다 많다. 그러므로 삼합이 된다고 해서 무조건 좋다고 해석하는 것은 절대로 안 된다. 하지만 합이 된 오행이 용신이 된 경우도 있다.

戊	癸	丁	丁
子	亥	卯	未
년	월	일	시

위의 사주를 쉽게 분석해보면 일원이 丁火로

화	토	금	수	목
2	2	0	3	1

나의 힘인 화와 목이 3자인 신약사주이다.

그런데 여기에 亥卯未 木局(목국) 삼합이 되어 나에게 필요한 木의 기운이 나에게 들어오는 사주로 학문적으로 성공한 사주이다.

2) 반합(半合)의 작용

반합이란 완전한 삼합이 되지 않는 경우를 말하며 왕지를 기준으로 나머지 한 자가 있는 경우를 말한다. 이때는 반합으로 인해 삼합처럼 오행이 변하지는 않지만 합으로 인해 힘이 강해지는 것으로 본다. 단, 왕지를 뺀 나머지 두 자가 있을 때는 가합이라고 하며 왕지가 올 때 삼합이 되므로 실제적으로는 합이 아니다.

예를 들어 申子辰 水局에서 申子나 子辰만 있는 경우를 뜻한다. 이때 대운이나 세운에서 申子만 있는 경우 辰이 들어오거나 子辰만 있을 때 申이 들어와도 완전한 申子辰 水局삼합이 된다. 하지만 이는 처음부터 申子辰 水局삼합처럼 오행이 변하는 것은 아니고 삼합이 됨으로써 큰 힘을 가지게 되고 그로 인해 작용이 강해진다고 해석하여야 한다. 그렇지 않을 시에는 삼합이 될 때마다 사주의 강약이 수시로 변할 수도 있으므로 주의하도록 하자.

己	丙	丙	庚
未	子	辰	寅
년	월	일	시

위의 사주를 쉽게 분석해보면 일원이 丙火로

화	토	금	수	목
2	3	1	1	1

나의 힘인 화(火)와 목(木)이 3자인 신약사주이다.

그런데 여기에 2016년 丙申년이 와서 申子辰 이 되어 완전한 水국 삼합을 이루고 丙火 일주에 水局이라 관(官)운이 오게 된다.

亥卯未 木局, 巳酉丑 金局, 寅午戌 火局도 마찬가지로 해석된다. 이때 반합의 경우 대운이나 세운에서 삼합을 이룰 경우 이것이 나에게 필요한 오행이 될 때는 좋은 것으로 해로운 오행이 될 때는 나쁘게 해석이 된다.

3) 삼합의 활용

(1) 사주가 삼합이 된 경우 출생 성분을 알 수 있다

己	辛	辛	甲
亥	未	卯	午
년	월	일	시

위의 사주를 쉽게 분석해보면 일원이 辛金로

금	수	목	화	토
2	1	2	1	2

나의 힘인 금와 토이 4자인 사주로 월지가 토로 인하여 신강한 사주이다.

사주는 亥卯未의 木局 삼합으로 구성되어 있는데 그렇다면 나의 어머니의 己土인 편인이 숨어버리게 되어 계모이거나 어머니가 곁에 없다는 의미를 가지게 된다. 그러므로 첩의 소생으로 볼 수 있다.

3. 공망(空亡)

공망이란 비어있다, 채울 수 없다는 뜻으로 인연이 없다는 뜻이다. 10천간과 12지지의 짝으로 봤을 때 10천간이 끝나고 남는 두 개의 지지를 공망으로 한다.

甲	乙	丙	丁	戊	己	庚	申	壬	癸		
子	丑	寅	卯	辰	巳	午	未	申	酉	戌	亥

위의 표에서 보듯이 地支 중 짝이 없는 두자의 戌 亥를 甲子 일주의 공망으로 본다. 사주 내에 공망이 있으면 일이 잘 풀리지 않지만 공망이 되어서 좋은 경우도 있다. 즉, 나에게 흉성(凶星)이 공망이 되면 흉의 작용이 크지 않고 충극의 경우에도 충극의 강도가 크게 줄어든다. 예를 들어 辰戌충에서 戌이 공망일 경우 충의 강도를 많이 줄여주게 되어 공망이 좋게 분석되어지는 경우도 있다. 그러나 사주의 용신이 공망일 경우 용신의 힘도 약해지게 되므로 그때에는 공망의 작용이 안 좋게 작용된다.

공망에서 가장 중요한 것은 공망이 되면 비어있음을 채우려는 경향이 있고, 이는 공망을 채우려고 노력을 하게 된다는 것이다. 예로 관(官)이 공망이면 관직에 오르려는 욕심이 크고 열심히 노력을 한다. 이때 자기 사주에 관이 기신(忌神)이면 노력해도 관직을 얻기 어렵고, 관(官)이 용신이 되면 노력해서 비어있는 관직을 얻으려 하고 이로 인해서 관직을 얻게 되어 좋다.

丙	己	丁	辛
子	亥	巳	丑
년	월	일	시

위의 사주를 쉽게 분석해보면 일원이 丁火로

화	토	금	수	목
3	2	1	2	0

나의 힘인 화와 목이 3자인 신약사주로 수가 기신이 된다.

이 사주에 丁巳일주 이므로 공망이 子, 丑이 되고 이는 子水는 관인데 관이 공망이므로 관에 대한 욕심을 가지고 있으나 관을 채울 수 없는 사주로 관을 추구하나 성공하지 못하는 나쁜 사주가 된다.

〈공망표〉

六十 甲子										空亡
甲子	乙丑	丙寅	丁卯	戊辰	己巳	庚午	辛未	壬申	癸酉	戌亥
甲戌	乙亥	丙子	丁丑	戊寅	己卯	庚辰	辛巳	壬午	癸未	辛酉
甲申	乙酉	丙戌	丁亥	戊子	己丑	庚寅	辛卯	壬辰	癸巳	午未
甲午	乙未	丙申	丁酉	戊戌	己亥	庚子	辛丑	壬寅	癸卯	辰巳
甲辰	乙巳	丙午	丁未	戊申	己酉	庚戌	辛亥	壬子	癸丑	寅卯
甲寅	乙卯	丙辰	丁巳	戊午	己未	庚申	辛酉	壬戌	癸亥	子丑

1) 공망의 위치에 따른 해석

공망이 연지에 있으면 조상 덕이 없고 월지에 있으면 부모 덕이 없고 일지에 있으면 부부 덕이 없고 시지에 있으면 자식 덕이 없다.

2) 십신록적인 해석

비겁이 공망이 되면 형제 덕이 없다.

식상이 공망이 되면 직업적인 문제가 많다.

재성이 공망이 되면 재산 축적이 어렵고 남자의 경우 부인 덕이 없다.

관성이 공망이 되면 직장 운이 없고 여자의 경우 남편 덕이 없다.

인성이 공망이 되면 부모 덕이 없다.

그러나 이는 어디까지나 일반적인 해석이고 사주 구성이 좋고 용신 운이 좋으면 이 공망의 의미는 사라진다. 중요한 점은 공망보다는 용신이 우선한다는 점이다. 또한 실제적으로 공망을 보는 이유는 이 사람이 얻고자 하는 것이 무엇이며 그것을 채울 수 있느냐 또는 포기하여만 하느냐를 알기 위해 공망을 보는 것이 더 실제적이다.

4. 나에게 좋은 길성(吉星)

1) 천을귀인(天乙貴人)

사주 내에 천을귀인이 있으면 하늘에서 복을 받게 되고 지혜가 총명하고 만인의 도움을 받아 성공할 수 있는 길성이다. 하늘의 뜻이라 천간 기준하여 정리한다.

일간	甲.戊.庚	乙.己	丙.丁	辛	壬.癸
천을귀인	丑.未	子.申	亥.酉	午.寅	卯.巳

중요한 점은 천을귀인 중 辰과 戌은 없다. 진과 술은 괴강(魁罡)살이기 때문이다. 괴강살은 일지를 기준해서 보는데 괴강살은 본인이나 배우자를 극하는 작용을 한다고 본다.

(1) 천을귀인의 해석

사주 내에 천을귀인이 있다고 복이 있는 것은 아니다. 반듯이 천을귀인이 내 사주에서 용신이 될 때만 효과가 있다. 예로 甲木 일간인 경우 丑이나 未가 내 사주 상에 나쁜 흉신이면 오히려 천을귀인의 작용은 없고 나쁘게 작용된다. 따라서 내 사주에서 길신이 되어야만 천을귀인의 효과가 있다는 것을 명심해야 한다.

또한 천을귀인이 충극을 받지 말아야 한다. 설령 용신이라 하더라도 甲 일간이 丑未沖으로 이루어져 있다면 천을귀인의 효과는 없어진다.

내 사주에서 천을귀인이 용신이고 충극을 받지 않는다면 천을귀인을 갖고 있는 사주는 자기 직업에서 최고 위치에 올라갈 수 있고 존경받는 사주가 된다. 그러나 여자의 경우 천을귀인이 있고 합이 있으면 만인이 우러러 보는 여성이 되어 만인의 여자가 되니 일부종사를 못 하는 경우가 있다.

여성도 자기 분야에서 최고가 될 수는 있으나 일부종사가 어려운 경우가 많으니 이점을 주의해야만 한다.

戊	癸	丙	丁
子	亥	寅	酉
년	월	일	시

위의 사주를 쉽게 분석해보면 일원이 丙火로

화	토	금	수	목
2	1	0	3	1

나의 힘인 화와 목이 3자인 사주로 신약한 사주이다.

상기 사주는 亥의 천을귀인이 있고 충극도 없이 천간은 戊癸合火이고 지지는 寅亥合木의 합이 있다. 노후도 재성을 깔고 있어 부유한 사주이다.

그러나 만인의 여자로 존경을 받기는 하나 일부종사하기는 어렵다. 결론적으로 천을귀인뿐만 아니라 모든 귀인은 용신이 되어야 하고 충극을 받지 말아야 효과가 있다.

2) 천덕귀인(天德貴人)

천덕귀인은 주위에서 나를 도와주는 길성으로 천을귀인이 일간을 기준으로 분석하는데 천덕귀인은 월지를 기준으로 하여 분석한다. 천덕이든 월덕이든 천을귀인과 같이 충극을 받지 않고 용신이 되어야만 그 효과가 있다.

월지	子	丑	寅	卯	辰	巳	午	未	申	酉	戌	亥
천덕귀인	巳	庚	丁	申	壬	辛	亥	甲	癸	寅	丙	乙

3) 월덕귀인(月德貴人)

월덕귀인도 월지를 기준으로 분석하며 사주에 월덕귀인이 있으면 심성이 착해 주위 사람의 도움을 많이 받는 길신작용을 한다. 모든 귀인은 다 용신이 되고 충극을 받지 않아야 효과가 있다.

월지	子	丑	寅	卯	辰	巳	午	未	申	酉	戌	亥
월덕귀인	壬	庚	丙	甲	壬	庚	丙	甲	壬	庚	丙	甲

4) 천주귀인(天廚貴人)

천주귀인은 일간을 기준해서 보며 천주귀인이 있으면 신체 건강하고 수명이 길다.

월지	甲	乙	丙	丁	戊	己	庚	辛	壬	癸
천주귀인	巳	午	巳	午	申	酉	亥	子	寅	卯

5) 천관귀인(天官貴人)

천간귀인도 일간을 기준해서 보며 충극이 없다면 관직운이 뒤따른다.

일간	甲	乙	丙	丁	戊	己	庚	辛	壬	癸
천관귀인	未	辰	巳	寅	卯	戌	亥	申	酉	午

6) 복성귀신(福星貴神)

일간 기준으로 보며 사주에 복성귀신이 있으면 만인의 추앙을 받고 복록이 있어 의식이 풍족하다.

일간	甲	乙	丙	丁	戊	己	庚	辛	壬	癸
복성귀신	寅	丑	子	酉	申	未	午	巳	辰	卯

7) 암록(暗祿)

암록이란 일간을 기준해 보며 암록이 사주 내에 있으면 인덕이 있어 귀인의 도움을 받아 의식이 풍부해진다.

일간	甲	乙	丙,戊	丁,己	庚	辛	壬	癸
암록	亥	戌	申	未	巳	辰	寅	丑

8) 협록성(夾祿星)

협록성이란 일간 기준으로 보는데 친척이나 친구의 도움으로 재산을 모으는 성을 뜻한다.

일간	甲	乙	丙,戊	丁,己	庚	辛	壬	癸
협록	卯.丑	寅.辰	辰.午	巳.未	未.酉	申.戌	戌.子	亥.丑

9) 금여성(金與星)

금여성도 일간을 기준하여 보는데 사주에 금여성이 있으면 현명하고 부유한 배우자를 얻을 수 있는 길성을 뜻한다.

일간	甲	乙	丙,戊	己,丁	庚	辛	壬	癸
금여	辰	巳	未	申	戌	亥	丑	寅

10) 문창성(文昌星)

문창성이란 재능이 좋고 박학다식해 학문적으로 성공할 수 있다. 문창성은 학당과 마찬가지로 일간이 기준이 된다.

일간	甲	乙	丙,戊	己,丁	庚	辛	壬	癸
문창	巳	午	申	酉	亥	子	寅	卯

11) 학당(學當)

학당도 일간 기준으로 보는데 문창성과 같이 학자적 기질을 말해주는 길신이다.

일간	甲	乙	丙,戊	己,丁	庚	辛	壬	癸
학당	亥	午	寅	酉	巳	子	申	卯

12) 장성운(將星運)

장성운도 일지를 기준으로 하는데 충극이 없고 용신이 되면 공직이나 군, 검, 경찰에서 성공할 수 있는 길신이다.

일지	寅午戌	申子辰	亥卯未	巳酉丑
장성운	午	子	卯	酉

13) 반안성(攀鞍星)

일지를 기준으로 하고 출세하여 말안장 위에 앉는다. 반안성과 장성운과 역마가 같이 있다면 무관으로 크게 출세한다.

일지	寅午戌	申子辰	亥卯未	巳酉丑
반안성	未	丑	辰	戌

14) 삼기귀인(三奇貴人)

삼기귀인에는 天上 삼기귀인, 地下 삼기귀인, 人中 삼기귀인이 있는데 삼기귀인이 붙어 있고 충극이 없어야 하고 공망이 들지 않을 때 박학다식하고 관직이 높아지고 국가의 동량이 되는 귀인이다. 天上貴人은 천간에 乙丙丁이 나란히 있을 때, 地下貴人은 甲戊庚이 나란히 있을 때, 人中貴人은 壬癸申이 나란히 있을 때 좋은 작용을 한다. 물론 사주 구성이 좋아야 하며 충극을 받으면 그 효과는 없어진다. 그러나 귀인보다는 용신운이 좋아야 성공함을 잊지 말아야 한다. 거듭 강조하건데 길신도 자기의 용신이 되어야만 좋게 작용하는 것이다.

5. 나에게 나쁜 흉신

　사주 이론에 각종 신살(神殺)은 50여 개가 넘는다. 누구나 사주에 신살을 갖고 있다. 이중 사주 해석상 꼭 필요한 신살 20여 개만 정리하였다. 각종 신살은 충극을 받으면 더 나쁘다. 또한 신살이 사주의 흉신이 되어 나쁜 살과 혼합되어 작용하면 나쁘게 작용한다고 해석하면 된다.

1) 도화살(桃花殺)

　도화살은 앞에서 설명했듯이 주색잡기에 빠질 우려가 있는 살로 충극을 받으면 도화살이 반드시 발동한다.

　申子辰이 연지나 일지에 있는 경우 酉가 도화이다.
　寅午戌이 연지나 일지에 있는 경우 卯가 도화이다.
　亥卯未이 연지나 일지에 있는 경우 子가 도화이다.
　巳酉丑이 연지나 일지에 있는 경우 午가 도화이다.

2) 화개살(華蓋殺)

　화개살은 일반적으로 길성이나 충극을 받으면 화개로 인해 고통을 받는다.

申子辰이 연지나 일지에 있는 경우 辰가 화개이다.

寅午戌이 연지나 일지에 있는 경우 戌가 화개이다.

亥卯未이 연지나 일지에 있는 경우 未가 화개이다.

巳酉丑이 연지나 일지에 있는 경우 丑가 화개이다.

3) 역마살(驛馬殺)과 지살(地殺)

역마살이란 활동적이고 가만있지 못하는 살이며 충극을 받으면 밖으로 나돌아 다니게 되고 사주상 나쁘게 작용하면 교통사고의 위험이 커진다. 이때 역마살은 지살과 연관이 되어있는데 지살은 역마살과 충극을 이루고 있으며 사주에 지살과 역마살이 같이 있으면 가업을 승계하지 못하고 분주히 돌아다니고 타향살이를 하게 된다.

연지나 일지	申子辰	寅午戌	巳酉丑	亥卯未
역마살	寅	申	亥	巳
지살	申	寅	巳	亥

즉, 역마살과 지살은 충극의 관계이며 사주에 역마와 지살이 같이 있으면 나쁘게 작용한다.

乙	戊	丙	丙
巳	寅	子	申
년	월	일	시

위의 사주를 쉽게 분석해보면 일원이 丙火로

화	토	금	수	목
3	1	1	1	2

나의 힘인 화와 목이 5자인 사주로 신강한 사주이다.

寅과 申이 역마와 지살인데 해외로 나돌아 다니거나 재산이 모이질 않고 탕진하게 되어 평생 떠돌아다니는 사주이다. 특히 寅申巳 삼형까지 작용해 나쁘게 역마와 지살이 작용하였다. 그러나 역마가 財에 임하면 무역업으로 크게 성공하는 경우도 있다.

4) 겁살(劫殺)과 망신살(亡神殺)

겁살과 망신살도 서로 충극이 관계인데 겁살과 망신살이 같이 있으면 교통사고로 몸을 다치거나 재물을 빼앗기고 손재수가 있게 된다. 또한 명예가 실추되는 일이 자주 발생한다.

연지나 일지	申子辰	寅午戌	巳酉丑	亥卯未
역마살	巳	亥	寅	申
지살	亥	巳	申	寅

또한 겁살과 망신살이 길신이 아니고 흉신이면 거짓말을 잘하고 음탕한 기질이 있으며 사람이 겸손치 못하다.

戊	癸	丁	辛
子	亥	巳	亥
년	월	일	시

위의 사주를 쉽게 분석해보면 일원이 丁火로

화	토	금	수	목
2	1	1	4	0

나의 힘인 화와 목이 2자인 사주로 신약한 사주이다.

巳亥沖이고 申子辰생으로 巳와 亥가 겁살과 망신살이다. 사람이 거짓이 심하고 주색으로 외도가 심하다. 또한 겸손치 못해 주위의 도움을 받기가 어려워 노후도 고통스러운 사주다.

5) 원진살(怨嗔殺)

원진살이라는 것은 둘의 관계가 그다지 좋지 않다거나 서로 의사소통이 되지 않아 불편하다고 보아야 한다. 그렇기 때문에 원진 관계는 서로의 사인이 잘 맞지 않고 불편하며 다투게 되는 것이고 충보다 한 단계 정도 낮은 살로 해석하면 된다. 물론 아래의 내용에서 원진을 옛날식으로 풀이한 내용이지만 이 내용도 보면 서로 성향이 달라서 불편하다는 의미를 가지고 있음을 알 수 있다. 물론 원진이 기신으로 들어올 때는 안좋고 용신으로 들어올 때는 신경은 쓰이지만 눈치가 빠르고 상황판단

능력이 좋은 것으로 볼 수 있다.

(1) 자미 원진: 쥐(子)-양(未)

쥐는 양을 꺼린다. 양의 배설물에 쥐의 털이 다 썩어 빠지게 되는 탓이다. 강한 자존심으로 인하여 고독하기 쉽고, 인간관계에서 실패가 많을 수 있다. 특히 대인관계가 많은 사업을 하기 어렵고, 보수적이며 세상에 대한 불만이 많아진다. 또한 간섭받기도 싫어한다.

(2) 축오 원진: 소(丑)-말(午)

부지런한 소는 말의 게으름을 싫어한다. 이러한 관계로 인하여 남들에 의한 구설로 피해를 입는 경우가 많다. 특히 남녀관계가 복잡하기 쉽고, 이성편력이 심할 수 있다. 배우자 복도 없게 되어, 이혼수가 크고 가정불화가 잦은 편이다. 정의감은 강하지만 정에 이끌려 맺고 끊는 면이 부족하다.

(3) 인유 원진: 범(寅)-닭(酉)

새벽에 사냥하는 범은 아침을 알리는 닭의 울음소리를 싫어한다. 그러므로 의지가 약한데도 자존심은 강하여 고독하고 대인관계에서 소외를 겪는 경우가 많다. 아쉬운 소리를 못하고 성격이 까다롭고 괴팍하여 사회적응에 서툰 편이고, 정신적인 문제를 가질 수 있다.

(4) 묘신 원진: 토끼(卯)−원숭이(申)

빨간 눈의 토끼는 원숭이의 빨간 엉덩이를 싫어한다. 그러므로 소심하여 변덕이 심하고 시시비비를 잘 따지고, 지나친 논리적 사고로 주변 사람들을 힘들게 하기도 한다. 또한 의처증이나 의부증을 겪기도 한다.

(5) 진해 원진: 용(辰)−돼지(亥)

용은 돼지의 코를 싫어한다. 용의 코가 돼지 코와 유사한 까닭이다. 자기 일에만 관심을 두지만 이를 쉽게 성취하지 못하고, 성취해내더라도 간단히 만족하지 못한다. 고독한 편이며 공상이나 잡념이 많다. 또한 심경의 변화가 많아 집안에 바람 잘 날이 없다.

(6) 사술 원진: 뱀(巳)−개(戌)

청각에 민감한 뱀은 금속성의 개 짖는 소리를 싫어한다. 그러므로 모함과 구설수가 많다. 이것이 애정 운까지 확장되면 사랑을 이루지 쉽지 않아서 결혼이 늦을 수 있다. 맺음과 끊음이 명확하며, 색(色)을 밝히는 경우가 있고 늦바람이 잘 난다. 덧붙여 사고나 관재수가 있을 수 있다.

6) 육해살(六害殺)

　육해살은 주로 일지를 기준으로 분석하는데 사주에 육해살이 있으면 인덕이 없고 가정불화가 생기고, 특히 여러 가지 일을 하면 실패하게 된다. 사주에 육해살이 있으면 한 가지 일에만 몰두해야 성공할 수 있으며, 또는 베푸는 직업, 즉 교사, 종교인 등 선행을 베푸는 직업에 종사하면 해가 덕으로 바뀌는 작용을 한다.

일지	子	丑	寅	卯	申	酉
육해살	未	午	巳	辰	亥	戌

　즉, 子와 未는 서로 원진이면서 육해살이다. 寅과 巳는 육해살인데 사주에 일지 기준으로 寅과 巳가 있는데, 즉 寅이 있으면 巳가, 巳가 있으면 寅이 육해살이 된다. 육해살이 있다고 모두 나쁜 것은 아니고 한 가지 일에만 몰두하거나 선행을 베푸는 직업에 종사하면 오히려 흉이 길성이 된다.

乙	辛	癸	壬
卯	巳	酉	戌
년	월	일	시

　위의 사주를 쉽게 분석해보면 일원이 癸水로

수	목	화	토	금
2	2	1	1	2

나의 힘인 수와 금이 4자인 균형사주이다.

위 사주에서 酉와 戌이 서로 육해살인데 자식과의 사이가 좋지 않다. 자식이 부모를 떠나서 살면 집안이 편안해진다. 육해살은 인정을 많이 베풀고 선행을 많이 하면 흉의 작용이 사라지는 특성을 가진다.

7) 괴강살(魁罡殺)

괴강살은 여자에게 있어 남편의 문제이기 때문에 여자 사주에 일지에 괴강이 있고 충극을 받을 때 크게 본다. 괴강살이란 강한 성격이란 살로 여성의 경우 남성적 기질이 있음을 뜻한다. 괴강은 남자의 경우 좋은 경우도 많은데 특히 여성의 경우가 문제가 된다. 여성이 남성적 기질을 갖고 태어났으니 고집이 세어 남편과의 불화가 생기고 남편에 대해 무책임해 남자를 극하는 작용을 한다.

여성이 일지에 괴강이 있다고 모두 나쁜 것은 아니고 여성도 남성처럼 사회활동으로 크게 성공할 수 있는 살이다. 그러나 괴강살이 충극을 받으면 흉하게 작용되어 남편을 극하는 작용이 나타나 가정생활이 어려워진다.

괴강살은 일지에서 庚辰, 庚戌, 壬辰, 壬戌만이 순수한 괴강이며, 戊辰, 戊戌은 반괴강으로 본다.

사주에 일지가 괴강일 경우 남자는 남성적 기질로 크게 성공할 때가 많으며 여성도 남성적 일을 해 성공할 수 있다. 그러나 충극을 받으면 여성은 남편을 극하게 된다.

己	戊	壬	甲
酉	辰	戌	辰
년	월	일	시

위의 사주를 쉽게 분석해보면 일원이 壬水로

수	목	화	토	금
1	1	0	5	1

나의 힘인 수와 금이 2자인 신약사주이다.

여성 사주로 임술 괴강사주인데 진술 충으로 남편을 극하고 자식과도 연이 없으며 부부 생활이 순탄치 못해 혼자 사는 사주이다.

8) 백호대살(白虎大殺)

백호대살이란 부모 형제가 불의의 사고로 객사 및 횡사하는 살로 월 지 및 일지를 중심으로 보는 게 일반적이다. 백호대살은 辰, 戌, 丑, 未의 토에만 있으며 이는 땅 위에서 비명횡사하는 의미가 된다.

사주 4기둥에 戊辰, 丁丑, 乙未, 甲辰, 壬戌, 癸丑이 있을 때 백호대살 이 있다고 하는데 월지나 일지에 있을 때가 가장 크게 작용하며 충극을 받으면 더 크게 작용하여 나쁘게 된다. 그러나 사주에 백호대살이 3개 이상 있으면 오히려 흉이 길성이 되며 백호대살 일주인 경우 백호대살 일주를 만나면 흉이 길성이 된다고 한다.

아무리 백호대살이라도 용신이 되면 흉하지 않다는 의미가 도니다. 즉, 사주 구성이 좋으면 아무리 백호대살이 있다 해도 나쁜 것만은 아니다. 예컨대 戊辰 일주의 경우 진이 용신이 되면 아무리 백호대살이라도 그 작용은 무시해도 된다.

9) 십악대패살(十惡大敗殺)

십악대패살이란 흉하고 적을 두려워하고 겁내는 살로 일지를 기준하여 본다. 십악대패살은 일지 기준으로 공망이 되거나 12운성상 건록(建祿)을 얻을 때 용신이 되면 그 의미는 없어진다.

일지	甲辰	乙巳	丙申	丁亥	戊戌	己丑	庚辰	辛巳	癸亥
십악대패	寅	卯	辰	未	辰	未	申	酉	丑

10) 음양착살(陰陽錯殺)

음양착살도 일지를 기준으로 보는데 부부간의 갈등이 생기고 여자는 방에서 외롭게 지내고 남자는 처와 식구와 인연이 없다는 살이다. 남녀 모두 음양착살이 있으면 음탕해지기 쉽다. 그러나 사주 구성이 좋고 용신운이 좋으면 그 작용은 반감되니 음양착살이 있다고 무조건 걱정할 필요는 없다. 양착살은 일지가 甲寅, 丙子, 丙午, 戊寅, 戊午, 戊申, 戊辰, 戊戌, 壬辰, 壬戌을 뜻하고 음착살에는 일지가 丁未, 丁丑, 辛卯, 辛酉, 癸

巳, 癸亥를 뜻한다.

己	戊	丙	丁
卯	辰	子	酉
년	월	일	시

위의 사주를 쉽게 분석해보면 일원이 丙火로

화	토	금	수	목
2	3	1	1	1

나의 힘인 화와 목이 3자인 신약사주이다.

여성 사주인데 월, 일 모두가 음양착살이다. 이러면 남편의 바람기로
고독하게 밤을 보내며 부부 갈등이 심해진다.

11) 홍염살(紅艷殺)

일간을 기준으로 보는데 남녀 모두 허영기가 많고 주색을 즐기는 살
로 도화와 같이 있으면 주색잡기로 패가망신할 수 있다.

일간	甲	乙	丙	丁	戊	己	庚	辛	壬	癸
홍염살	午	申	戌	未	辰	辰	戌	酉	子	申

12) 귀문관살(鬼門關殺)

일지를 기준해 일지와 귀문관살이 같이 있으면 정신적 질환이나 변태 성욕자가 될 우려가 있는 살로 사주 구성이 나쁜 경우 크게 작용한다.

일지	子	丑	寅	卯	辰	巳	午	未	申	酉	戌	亥
귀문관살	酉	午	未	申	亥	戌	丑	寅	卯	子	巳	辰

13) 효신살

일간을 기준으로 보는데 부모와 떨어져 고독한 생활을 하게 되는 살이다. 효신살은 공망이 되면 작용은 없어지고 용신이 되면 의미가 없어진다.

일간	甲	乙	丙	丁	戊	己	庚	辛	壬	癸
효신	子	亥	寅	卯	午	巳	辰戌	丑未	申	酉

14) 고란살(孤鸞殺)

일명 신음살이라고도 하는데 여자의 경우만 해당되며 남편이 첩을 얻어 고독해지는 살이다. 고란살은 일주가 甲寅, 丁巳, 戊申, 辛亥 일주의 경우만 해당되는데 용신운이 좋으면 해당되지 않는다.

15) 과숙(寡宿)과 고신(孤神)

연지나 일지를 기준으로 보는데 과숙과 고신을 함께 보고 판단하여야 한다. 과숙과 고신이 같이 있으면 여성은 고독해지고 남자는 승려나 종교인이 될 팔자가 된다.

연지나 일지	寅卯辰	巳午未	申酉戌	亥子丑
과 숙	丑	辰	未	戌
고 신	巳	申	亥	寅

사주가 차고 고신과 과숙이 함께 있다면 여성은 밤이 고독하고 남성은 열성적인 직업을 갖기가 어렵다.

16) 양인살(羊刃殺)

양인살은 겁재의 의미를 갖는데 겁재보다 더 강도가 강하게 작용하며 일간을 기준해본다. 자만심이 너무 강해 안하무인격이 되며 무례한 행동을 잘하며 양인살이 3개 이상이면 장님이나 벙어리가 될 우려가 있다. 양인살은 합이 되면 살의 작용이 없어지며 충극을 받으면 화가 더 크게 미친다.

일간	甲	乙	丙	丁	戊	己	庚	辛	壬	癸
양인살	卯	辰	午	未	午	未	酉	戌	子	丑

양인살 중 丙午, 戊午, 壬子는 특히 강도가 더 크다고 보는데 충극을 받으면 그 작용이 크게 나타난다.

이상 많은 흉살을 보았는데 이 흉살은 충극을 받을 때 더 강도가 크며 공망이 되면 그 작용은 반감된다. 또한 흉살이라도 용신이 되면 좋은 경우가 많으며 신살보다는 용신이 우선한다는 점을 잊어버리면 안 된다.

6. 내가 성공할 수 있는 운(用神論)

1) 격국(格局)이란 무엇인가?

이론적으로 사주 구성 수는 60갑자에 12달 30일 12시진에 남녀를 계산하면 50만 개 이상의 사주가 나온다. 이 값은 사주학자가 평생을 봐도 다 보지 못하는 숫자이다. 이렇듯 사주는 많고 또 각각 모두 특성이 있다. 이렇게 많은 사주를 검토하기 편하게 분류할 필요가 있다. 즉, 특성이 유사한 공통분모를 찾아내 유사한 사주끼리 묶는다면 특성에 따라 사주해석이 용이해진다. 이때 사주의 특성에 따라 분류하는 것을 격국(格局)이라고 한다.

사주에서 가장 중요한 것은 어느 달에 태어난 나(日干)인가 하는 점이다. 즉, 일간인 내가 어느 달에 태어나 일간의 뿌리가 있느냐 없느냐 있어도 뿌리가 강하냐 약하냐를 쉽게 알게 되어 신강사주인지 신약사주인지를 구분하게 된다. 이에 따라 나에게 좋은 해를 알아낼 수 있다. 즉, 용신을 알기 위해 격국을 정하는 것이다.

(1) 격국을 정하기 위해 사용되는 기준

내 사주의 힘이 강이냐 약이냐를 알아내기 위해서는 태어난 달의 지장간(地藏干)을 활용한다. 즉, 子월부터 亥월까지 각 월에는 지장간이 들어 있다. 亥월에 태어났다면 亥월은 겨울이지만 甲木과 壬水가 다 들어 있다. 같은 亥월이라도 甲木이 지배하는 날도 있고 壬水가 지배하는 날도 있다. 이를 알아야만 亥월 태생이라도 일간의 힘을 정확히 알 수 있는 것이다. 이의 지장간 내용을 분석하는 기준으로 대만의 송영성 선생이 제시한 사시팔절가를 일반적으로 사용한다.

(2) 사시팔절가(四時八節歌)

사시팔잘가는 1년의 절기 중 12절 12기(24절기)를 이용해 지장간을 분석하는 이론이다. 즉, 12절 12기는 입춘이 되어야 한 해가 바뀌고 봄이 되니 입춘부터 시작해 15일 단위로 입춘, 우수, 경칩, 춘분, 청명, 곡우, 입하, 소만, 망종, 하지, 소서, 대서, 입추, 처서, 백로, 추분, 한로, 상강, 입동, 소설, 대설, 동, 소한, 대한의 24절기로 구분하는데 이 절기를 기준해 지장간의 내용을 분류하는 이론이다.

① 인월(寅月)의 경우

인월의 지장간에는 戊丙甲이 들어있는데 입춘부터 시작해 5일 동안 戊土가 지배하고 그 후 10일 동안은 丙火가 지배하고 우수 이후 경칩 전까지는 甲木이 본기로 지배한다. 즉 인월 태성은 戊土가 20% 丙火가 30%로 여기가 있고 본기인 甲木이 50%로 지배한다.

寅月 태생이라도 입춘 후 어느 날에 태어났느냐에 따라 戊土의 힘이 있느냐, 丙火의 힘이 있느냐 또는 甲木의 힘이 강하냐를 판단하는 것이다.

② 묘월(卯月)의 경우

경칩 이후 춘분까지는 甲木이 지배하고 춘분 이후 청명까지는 乙木이 지배해 木의 기운이 가장 강한 달이다.

③ 진월(辰月)의 경우

청명 후 7일간은 乙木이 지배하고 이후 8일간은 癸水가 辰土 묘고에 머물며 곡우 이후 입하 전까지는 본기인 戊土가 중심이 된다. 즉, 20%는 乙木 기운이 30%의 癸水 기운이 50%의 戊土 기운이 지배한다.

④ 사월(巳月)의 경우

입하일부터 5일간은 戊土가 지배하고 이후 10일간은 庚金이 장생으로 생을 받고 있으며 소만 이후 망종까지 본기인 丙火가 지배한다. 즉, 巳 중에 20%의 戊土와 30%의 庚金이 50%의 丙火가 차지하고 있다.

⑤ 오월(午月)의 경우

망종 이후 10일간 己土가 지배하고 이후 하지를 지나 소서까지 丙火와 己火가 지배한다. 즉, 30%의 己土와 70% 火의 본기가 지배한다.

⑥ 미월(未月)의 경우

소서 이후 7일간은 丁火가 지배하고 8일간은 乙木이 묘고에 머무른다. 대서 이후 입추까지는 본기인 己土가 지배하고 있다. 즉, 未 중에 20%는 丁火 기운이 30%의 乙木 기운이 50%의 己土 기운이 지배한다.

⑦ 신월(申月)의 경우

입추 후 5일간은 戊土가 지배하고 그 후 처서까지의 10일간은 壬水가 장생으로 지배하며 처서 이후 백로까지 15일간은 庚金이 지배한다. 즉, 20%의 戊土와 30%의 壬水가 50%의 庚金이 지배한다.

⑧ 유월(酉月)의 경우

백로부터 추분 전까지 庚金이 지배하고 추분 후 한로까지는 辛金이 지배한다. 즉, 金의 세력이 가장 강한 달이다.

⑨ 술월(戌月)의 경우

한로 이후 7일간은 辛金이 지배하고 다시 8일간은 丁火가 머물며 상강 이후 입동 전까지는 본기인 戊土가 지배한다. 즉, 戌 중에 20%의 辛金 기운이, 30%의 丁火 기운, 50%의 戊土 기운이 지배한다.

⑩ 해월(亥月)의 경우

입동 후 겨울의 본 계절로써 10일간 간은 甲木이 싹을 트며 그 후 소설이 지나 대설까지 20일 간은 본기인 壬水가 지배한다. 즉, 亥 중에 20%의 戊土와 30%의 甲木이 50%의 壬水가 차지하고 있다.

⑪ 자월(子月)의 경우

대설 이후는 본기인 壬水가 지배하고 동지를 지나 소한 전까지는 癸水가 지배한다. 즉, 水 기운이 가장 강한 달이다.

소한 이후 7일간은 癸水가 지배하고 그 후 8일간은 辛金이 축에 머물며 대한을 지나 입춘이 되기 전까지는 본기인 己土가 지배한다. 즉, 20%의 癸水와 30%의 辛金이 들어있고 본기인 己土가 50% 지배하고 있다.

이상 12달의 지장간의 내용을 파악하였는데 이 지장간의 머무는 내용에 따라 어느 달 어느 일에 태어난 일간인 나의 힘을 파악해 격국을 정하고 이 격국에 따라 나에게 좋은 오행, 즉 용신을 잡는 것이다. 사시팔절가에 따라 내 사주의 힘이 강하냐, 약하냐를 계산하여 사주의 힘이 강하면 내 힘을 빼주는 오행이 내 힘이 약하면 내 힘을 보태주는 오행이 용신(用神)이 되는 것이다. 이를 억부용신법(抑扶用神法)이라고 하는데 용신론에서 가장 중요한 방법이다.

2) 격국을 정하는 방법

(1) 내격(內格)

격국은 월지를 기준해 지장간의 내용을 보고 정하는데, 월지의 내용에 따라 십신론에 의거해 식신격, 상관격, 편재격, 정재격, 편관격, 정관격, 편인격, 정인격 등 8개의 격으로 구성된다. 비견이나 겁재는 일간의 뿌리가 강해 녹(祿)이나 왕(旺)이 되어 일반 내격으로 보지 않고 특별한 외격(특별격)으로 본다.

특별격은 내격과 달리 기준이 정해져 있으며, 십신론에 의해 격을 정하는 것만이 내격이다.

사주 구성이 특별격의 의미가 강하면 특별격으로 보는 것을 원칙으로 하며(특별격 우선의 원칙) 특별한 경우가 아니면 모두 내격에 의해 격국을 정한다.

내격에 따른 격국 결정 원칙

태어난 달을 기준으로 일간의 십신에 따라 8개의 격이 정해진다. 즉, 태어난 달의 지장간의 내용에 따라 식신격, 상관격, 편재격, 정재격, 편관격, 정관격, 편인격, 정인격으로 격국을 정하는데 그 기준은 다음과 같다.

본기(本氣)가 천간에 투철한 경우는 투철한 오행에 따라 격국을 정한다. 태어난 달의 지장간 내용에서 지장간의 본기가 사주 천간에 투철하게 나타났으면 그 본기를 보고 십신의 내용에 따라 격을 정한다.

예로 일간이 丙火일 때 寅月생이면 寅의 지장간 중 본기인 甲木이 사주 구성상 천간에 투철하게 존재하면 丙火에 甲木이 편인이니 편인격이 되는 것이다. 만약에 甲木이 일간인데 申月 태생이라면 본기인 庚金이 천간에 투철하면 金이 木을 극하니 편관격이 된다.

寅月생은 甲木이 본기이니 甲木이 투철하다.
卯月생은 乙木이 본기이니 乙木이 투철하다.
辰月생은 戊土이 본기이니 戊土이 투철하다.
巳月생은 丙火이 본기이니 丙火이 투철하다.

午月생은 丙과 丁火가 본기이니 丙과 丁火가 투철하다.

未月생은 己土이 본기이니 己土이 투철하다.

申月생은 庚金이 본기이니 庚金이 투철하다.

酉月생은 辛金이 본기이니 辛金이 투철하다.

戌月생은 戊土이 본기이니 戊土이 투철하다.

亥月생은 壬水이 본기이니 壬水이 투철하다.

子月생은 壬癸水이 본기이니 壬癸水이 투철하다.

丑月생은 己土이 본기이니 己土이 투철하다.

본기가 투철하니 투철한 오행에 따라 일간을 기준해 십신의 내용에 따라 격국을 정하게 된다.

월지 본기가 천간에 투철하지 않을 때는 나머지 여기 중 천간에 투철한 오행을 십신의 내용에 따라 격을 정한다.

예로 甲木이 寅월 태생일 경우 본기가 甲木인데 천간에 甲木이 없다면 나머지 寅중에 여기인 丙火나 戊土 중 천간에 투철한 오행을 격으로 정한다. 즉, 천간에 甲木이 없고 丙火가 있다면 木生火하는 식신격이 되는 것이고 丙火가 없고 戊土가 있다면 戊剋土인 편재격이 되는 것이다. 이때 중요한 것은 子, 午, 卯, 酉월 태생은 천간에 투철하지 않아도 본기인 子, 午, 卯, 酉에 따라 격을 전한다. 예로 甲 일간이 子월에 출생했다면 천간에 壬水나 癸水가 없어도 水生木하는 인성격(정인격)이 되는 것이다. 만약 丙 일간이 子月생이라면 천간에 투철하지 않아도 水剋火하는 정관격이 된다.

-천간에 본기, 여기 모두 투철하지 않으면 이때는 지장간 중 가장 강한 본기를 기준해 격국을 정한다. 甲木이 辰月 태생일 경우 본기인 戊土나 여기인 乙木과 癸水가 모두 없다면 본기인 戊土를 기준해 木 剋土하는 편재격으로 보면 된다.

(2) 외격(外格), 특별격

의의

격국 이론에서 내격(일반격)으로 볼 수 없는 특별한 경우가 많은데 이를 특별격 또는 외격이라 한다.

내격은 일간을 기준해 뿌리가 있는 경우가 일반적이다. 즉, 甲木이나 乙木은 지지에 寅卯辰이나 亥卯未의 뿌리가 되며 丙火나 丁火 또는 戊土나 己土는 巳午未나 寅午戌이 뿌리가 되며 庚金이나 辛金은 申酉戌이나 巳酉丑이 뿌리가 되고 壬水나 癸水는 亥子丑이나 申子辰이 뿌리가 된다.

이때 일간의 뿌리가 없어 내격으로 분류하기가 어렵거나 또는 일간의 힘이 한쪽으로만 강할 경우 내격보다는 특별격으로 분류하여 용신을 잡는 것이 용이할 때가 많다. 조건이 갖추어지면 반드시 특별격으로 보아야 한다(특별격 우선의 원칙).

외격, 즉 특별격에는 종격(從格), 화기격(化氣格), 일행득기격(一行得氣格), 양신상생격(兩神相生格), 건록격(建祿格), 암충격(暗沖格) 등 여러 종류로 분류되는데 먼저 외격을 알아보고 그 나머지는 모두 내격으로 파악해 용신을 잡는다. 외격은 그 조건이 맞으면 용신이 정해져 있기 때문에 외격에 해당하는 사주는 이외로 용신을 잡기가 쉽다. 따라서 외격의 경우 그 성립 조건을 반드시 알아야만 한다.

가) 종격(從格)

종격이란 일간인 내 힘이 약하여 타 오행을 기준으로 따르는 경우를 뜻하는데 종격에는 관을 따르는 종관살격(從官殺格), 재를 따르는 종재격(從財格), 식상을 따르는 종식상격(從食傷格)이 있다.

종격은 엄격히 구분하면 진종격(眞從格)과 가종격(假從格)으로 구분되는데 진종격만이 원칙적으로 종격이다. 그러나 완전치는 못해도 불안정하나마 종격에 따르는 가종격도 종격으로 보는데 가종격은 진종격보다 사주 구성이 한 단계 하급이 되며 장점은 약하고 단점은 강하다. 또한 종격이라는 것은 내가 고립무원 상태에서 십신중 하나가 강해 나를 내세우기보다 강력한 십신을 따라 가는 사주를 말하는 것이다.

특별격이기 때문에 좋은 사주다 나쁜 사주다 를 정하는 것이 아니다. 그 오행이 나에게 용신이 된다는 것일 뿐이다. 실제로 사주를 보면 특별격이라고 해서 정말 특별하게 사는 사람도 그다지 많지 않다.

(가) 진종격의 조건

진종격이 되려면 일간이 고립무원이어서 내 힘이 전혀 없어야 한다. 즉 일간의 뿌리가 전혀 없어야지 뿌리가 조금이라도 있으면 종격이 되지 못한다.

천간에 내 편인 인성과 비겁이 전혀 없어야만 한다.

(나) 종격의 종류

㉮ 종관살격(從官殺格)

㉠ 구성 조건

지지에 일간의 뿌리가 전혀 없어야 한다.

천간에도 인성이나 비겁이 전혀 없어야 한다.

지지가 관살로만 구성되면 일간은 관에 의존할 수밖에 없는 사주를 말한다.

㉡ 용신과 기신

종관살격 종관격일 때 官를 따라야 하므로 官이 용신이자 기준이 된다.

官이 기준이 되므로 그 官를 돕는 오행을 희신으로 보는데 그것이 財이다.

종관살격(從官殺格) 사주 예(남자)

丁	壬	庚	丙
卯	寅	午	戌
년	월	일	시

위의 사주를 쉽게 분석해보면 일원이 庚金로

금	수	목	화	토
1	1	2	1	1

일간 庚金의 뿌리가 없고 천간에 인성이나 비겁도 없으며 지지가 寅

午戌 火局을 이루고 있어 戌토는 없어지고 火剋金인 관살로 구성되어 있다. 또한 월간에 있는 壬水는 丁壬合木으로 財가 되어 희신이 된다. 그러므로 일간인 庚金이 고립무원이고 官인 화가 강하면서 官을 극하는 오행이 없어 官에 종속하는 게 좋다.

용신은 火인 官이다. 용신인 火를 木生火 하는 木은 희신이 된다. 土金水는 기신이 된다.

가(假)종관살격 사주 예

丁	壬	庚	丙
未	寅	午	戌
년	월	일	시

위의 사주를 쉽게 분석해보면 일원이 庚金으로

금	수	목	화	토
1	1	1	3	2

위 사주는 丁未년 출생인데 지지가 寅午戌 火局으로 戌토는 없어지나 未 중에 己土가 있어 庚金을 생해주는 인성이 들어있어 진종관살격이 못 되고 가종관살격이 진종살격의 파격이 된다.

⑭ 종재격(從財格)

㉠ 조건

지지에 일간의 뿌리가 전혀 없어야 한다. 천간에도 인성이나 비겁이 전혀 없어야 한다. 지지가 財으로만 구성되면 일간은 財에 의존할 수밖에 없는 사주를 말한다.

㉡ 용신과 기신

종재격 財를 따라야 하므로 財가 용신이자 기준이 된다.
財가 기준이 되므로 그 財를 돕는 오행을 희신으로 보는데 그것이 식상이다.

종재격 사주 예

庚	乙	丙	己
戌	酉	申	丑
년	월	일	시

위의 사주를 쉽게 분석해보면 일원이 丙火로

화	토	금	수	목
1	3	3	0	1

일간 丙火의 힘이 전혀 없다. 천간의 乙木은 乙庚合金이 되어 乙木의 역할을 못한다. 지지는 申酉戌 金局으로 이루어져 丙火는 財를 종속하게 된다. 천간의 己土는 財를 생해 더 좋다. 용신은 財인 金이고 희신은 식상인 土가 된다. 金土운이 오면 사업운이 온다. 기신은 인성인 木과 비겁인 火가 되며 水는 한신(閑神)이다(무해무득하다).

㉰ 종식상격(從食傷格 從兒格)

㉠ 조건

지지에 일간의 뿌리가 전혀 없어야 한다. 식상을 일을 하는 성으로 천간에
인성과 비겁을 도움을 받아도 된다. 지지가 식상으로만 구성된 경우 종식상
격 사주라 한다. 종식상격의 경우 다른 종격과 달리 천간에 비겁이나 인성이
있는 경우라 해도 식상을 돕는 것으로 인해 종식상격 사주가 된다.

㉡ 용신과 기신

종식상격 식상를 따라야 하므로 식상이 용신이자 기준이 된다.
식상이 기준이므로 그 식상을 돕는 오행을 희신으로 보는데 그것이 비겁이
다. 그러므로 다른 종격과는 구별되어 비겁이 희신이 된다.

종식상격 예

丁	壬	癸	丙
卯	寅	卯	辰
년	월	일	시

위의 사주를 쉽게 분석해보면 일원이 癸水로

수	목	화	토	금
2	3	2	1	0

일간 癸水가 지지가 寅卯辰 木局으로 구성되어 있어 水生木하는 종식
상격 사주가 된다.

용신은 식상인 木이 되고 희신은 財인 火가 된다. 기신은 金과 土가 나쁘게 작용한다. 위의 사주에서 丙火는 財라 좋고 壬水는 丁壬 合木이 되어 木局인 식상으로 구성되어 진종식상격 사주가 되었다.

나) 화기격(化氣格)

(가) 개념

화기격이란 일간이 합이 되어서 변하는 경우로 일간이 土로 변하면 화토격(化土格), 金으로 변하면 화금격(化金格), 水으로 변하면 화수격(化水格), 木으로 변하면 화목격(化木格), 火로 변하면 화화격(化火格), 金으로 변하면 화금격(化金格), 화기격이 되려면 반듯이 천간이 나란히 붙어있어야 하고 뿌리가 확실해야만 한다. 즉 화토격이면 土의 뿌리가 통근해야만 한다.

(나) 종류

㉮ 화토격(化土格 甲己合土, 中正之合)

㉠ 조건
甲이나 己 일간이 甲己合土가 되어야 한다.

a) 甲일간은 己가 月이나 時에 己일간은 甲이 月이나 時에 있어야 한다.
b) 지지가 반드시 月에 辰戌丑未의 土월에 출생해야 한다. 즉, 일간이 甲일 경우 己未月이나 己丑월, 己일 경우는 甲戌月이나 甲辰월 태생이어야 한다.
c) 가장 중요한 조건은 천간, 지지 모두에 土를 극하는 木이 없어야 한다.

ⓒ 용신

화토격이 된 경우는 용신은 土이고 희신은 火가 되고 金은 한신이며 水와 木
은 기신이 된다.

ⓒ 사주 예(남자)

戊	戊	甲	己
辰	戌	辰	巳
년	월	일	시

위의 사주를 쉽게 분석해보면 일원이 甲木으로

목	화	토	금	수
1	1	6	0	0

甲木 일주가 戌월 태생인데 辰戌 충으로 甲木의 뿌리가 없고 천간, 지지 모두
에 木이 없어 甲己 合土의 화토격이 되었다. 화토격은 火土 운이 와야 좋다.

⑭ 화금격(化金格 乙庚合金 仁義之合)

㉠ 구성 조건

a) 일간이 乙木이나 庚金이면서 乙庚 合金으로 되어야 한다.
b) 時支 특히 月支가 巳酉丑이나 申酉戌의 金局을 이루고 있어야 한다.
c) 가장 중요한 점은 金을 극하는 火가 천간 지지에 모두 없어야 한다.

ⓒ 사주 예

戊	壬	乙	庚

申	戌	酉	辰
년	월	일	시

위의 사주를 쉽게 분석해보면 일원이 乙木 으로

목	화	토	금	수
1	0	3	3	1

乙庚 合金으로 천간이 이루어져 있는데 金을 극하는 火가 천간지지 모두에 없으며 지지가 申酉戌 金국으로 구성되어 있다. 천간의 戌土는 金을 생해주니 좋으며 戌 중에 丁火는 申酉戌 방합 金局으로 흡수되어 金이 申酉戌 金局에 확실히 뿌리를 내리고 있어 火金格이 되었다.

화금격의 용신은 金이고 희신은 土이며 水는 한신이고 木과 火는 기신이 된다.

㉕ 화수격(化水格 丙辛合水 威嚴之合)

㉠ 구성 조건

a) 천간(일간기준으로)이 丙辛 合水로 구성되어야 한다.

b) 지지가 申子辰이나 亥子丑의 水局을 이루고 있어야 한다.

c) 水를 극하는 土가 천간 지지에 없어야 한다.

㉡ 사주 예

甲	丙	辛	壬
申	子	丑	辰
년	월	일	시

위의 사주를 쉽게 분석해보면 일원이 辛金으로

금	수	목	화	토
2	2	1	1	2

辛金이 丙火와 합해 丙辛 合 水局을 이루며 지지가 申子辰 水局으로 구성되었으며 천간 지지에 戊土나 己土가 전혀 없고, 丑도 亥子丑 水局의 의미가 되어 土의 역할이 없어 化水格이 되었다.

용신은 水이며, 金과 木은 희신이 되고 火와 土는 기신이 된다. 즉, 戊土나 己土운이 오면 나쁘다.

㉪ 화목격(化木格 丁壬合木 仁壽之合)

㉠ 구성 조건

　　a) 천간(일간 기준)이 丁壬 合木으로 구성되어야 한다.

　　b) 지지가 亥卯未나 寅卯辰의 木局으로 이루고 있어야 한다.

　　c) 천간지지 모두에 金이 없으면 火木格 사주가 된다.

㉡ 사주 예

甲	丁	壬	甲
寅	卯	午	辰
년	월	일	시

위의 사주를 쉽게 분석해보면 일원이 壬水으로

수	목	화	토	금
1	4	2	1	0

卯월 출생으로 丁壬 合木이 되고 지지가 寅卯辰 木局을 이루며 천간지지 金이 없어 화목격 사주가 되었다.

용신은 木이고 水와 火는 희신이 되며 土와 金은 기신이다. 火는 水生木 木生火하여 식신과 재성의 의미를 갖기 때문에 좋으며 배우자 운이 좋다는 의미를 갖는다. 丁壬合木인 경우 여자는 예쁘나 끼가 있고 질투심이 심하다.

㉲ 화화격(化火格 戊癸合火 無情之合)

㉠ 구성 요건

a) 일간이 戊癸 合火로 구성되어야 한다.

b) 지지가 寅午戌이나 巳午未의 火局을 이루고 있어야 한다.

c) 천간 지지에 火를 극하는 水가 없어야만 한다.

㉡ 사주 예

丙	戊	癸	甲
戌	午	巳	寅
년	월	일	시

위의 사주를 쉽게 분석해보면 일원이 癸水로

수	목	화	토	금
1	2	2	3	0

戊癸 合 火局을 이루고 있으며 천간에 丙火가 투철하고 지지가 寅午戌 火局의 의미를 가지면서 천간 지지에 수가 없다.

용신은 火이고 희신은 木과 土가 되며 金과 水는 기신이다. 화화격은 木火운
이 와야만 성공할 수 있다.

㉦ 화기격의 파격

㉠ 개념
화기격을 구성하나 극하는 오행이 있어 화기격이 깨지는 경우나 투합하여
싸우는 형상이 되거나 다른 합이 있어 화기격이 무너지는 경우를 뜻하는데
파격이 되면 아주 나쁘다.

㉡ 극으로 합화가 깨지는 경우

乙	戊	辛	丙
丑	子	亥	申
년	월	일	시

위 사주에서 子月의 辛金이 丙辛, 合, 水가 되어 화수격이 되었는데 천간의
戊土가 水를 극해 화수격이 되지 못하는 경우이다. 화수격이 깨져 파격이 되
면 戊土나 己土 운이 오면 화수격보다 더 나쁘게 운에 작용한다.

㉢ 화기격이 쌍합으로 파격이 되는 경우

己	丁	壬	丁
亥	卯	午	未
년	월	일	시

위 사주에서 천간이 丁壬, 合, 木이고 지지가 卯月의 木局이라 화목격이나
丁壬 하나를 놓고 정이 서로 싸우는 형국이라 화기격이라도 등급이 낮은 파
격이 되었다. 金운이 오면 더욱 나쁘다.

② 다름 合으로 인해 파격이 되는 경우

壬	丁	甲	己
辰	未	戌	巳
년	월	일	시

위 사주에서 甲木이 未, 戌, 辰土에 甲己, 合土로 뿌리를 내려 화토격이 된다. 그러나 천간에 丁壬, 合, 木이 있어 木剋土하니 화토격이 깨져 버린 파격이 되었다. 파격은 화기격 사주보다 등급이 낮게 평가되면 기신운이 오면 화기 격보다 더 나쁜 불행이 닥친다.

㉑ 화기격이 파격이 되었다가 다시 화기격으로 변하는 경우

㉠ 개념

화기격이 무너졌지만 극하는 오행이 힘을 못 써 다시 화기격이 되는 경우를 말한다.

㉡ 극으로 인해 파격이 되었다가 다시 합으로 화기격이 되는 경우

辛	丙	乙	庚
巳	申	酉	辰
년	월	일	시

위 사주는 乙庚 合 金이 申月에 뿌리를 내리고 있어 化金格이 되는데 丙火가 천간에 있어 金을 극하니 파격이 되었다. 그러나 丙火가 辛金과 합해 丙辛 合水가 되어 丙火의 힘이 없어 화금격이 될 수 있다.

㉢ 투합으로 파격이 되었다가 雙合으로 화기격이 되는 경우

ㅈ	丁	壬	丁
寅	未	寅	未
년	월	일	시

위 사주는 丁壬合木이 쌍으로 구성되어 투합이 아니라 화목격이 될 수 있다.

다) 일행득기격(一行得氣格)

오행 중 하나의 오행이 너무 강해 하나의 오행으로 격이 이루어지고 용신이 정해지는 경우를 뜻하는데 곡직격(曲直格), 염상격(炎上格), 가색 격(稼穡格), 종혁격(從革格), 윤하격(潤下格) 등이 있다.

㉮ 곡직격(曲直格)

곡직격이란 사주가 목으로 구성된 경우로 곡직인수격이라고도 한다.

㉠ 구성 요건

a) 반드시 일주가 甲木이나 乙木으로 되어야 한다.

b) 월지가 寅月이나 卯月에 출생하고 지지가 寅卯辰이나 亥卯未의 木局을 이루고 있어야 한다.

c) 천간, 지지에 木을 극하는 金이 없어야 한다.

㉡ 용신과 기신

곡직격은 木이 용신이 되며 인성인 水와 식상인 火는 희신이 된다. 金과 土 는 기신이다.

© 사주 예

甲	丁	甲	丙
寅	卯	辰	寅
년	월	일	시

위의 사주를 쉽게 분석해보면 일원이 癸水로

목	화	토	금	수
5	2	1	0	0

a) 위의 사주는 甲木 일주가 卯月에 출생하고 지지가 寅卯辰 木局으로 구성
   되어 있으면 金이 없어 곡직격이다.

b) 水, 木, 火 운이 오면 성공하는데 월 시의 화는 목화통명(木火通明) 즉 木
   生火라 미모가 뛰어나고 학문이 뛰어난 사주이다. 이런 경우 녹방도화(祿
   傍桃花) 사주라 한다.

⑭ 염상격(炎上格)

火가 중중하게 겹쳐있는 사주로 천간, 지지 모두가 火로 구성된 사주를 뜻하
는데 水운이 오면 아주 나쁘다.

㉠ 조건

a) 일주가 丙火나 丁火로써 巳月이나 午月에 출생하여야 한다.

b) 지지가 巳午未나 寅午戌의 火局을 이루고 있어야 한다.

c) 천간에 壬水나 癸水가 없고 지지에도 亥子丑의 水局이 없어야만 한다.

d) 천간에 木이 있으면 염상격은 더욱 빛이 나서 좋다.

火가 용신이며 木이 첫 번째 희신이고 土는 두 번째 희신이 된다. 水가 가장
나쁜 기신이고 金도 기신이다.

© 사주 예

丁	丙	丙	乙
巳	午	寅	未
년	월	일	시

5	15	25	35	45	55
乙	甲	癸	壬	辛	庚
巳	辰	卯	寅	丑	子

위의 사주를 쉽게 분석해보면 일원이 丙火로

화	토	금	수	목
5	1	0	0	2

a) 丙火 일주가 午月에 출생하고 지지가 寅午와 巳午未 火局을 이루며 寅의
　　장생과 午의 제왕을 이루고 있는 전형적인 염상격이다.
b) 火가 용신이라 乙巳 대운이 좋아 초년에 부유한 집안에서 귀하게 자랐다.
c) 甲辰 대운도 좋으며 癸卯 대운에서 癸水로 나쁘나 군대에 입대하는데 卯
　　운이 좋아 군대에 큰 공을 세운다.
d) 壬寅 대운에서 壬운에 실직이 되었다가 寅운에 寅午戌 火局으로 복직되
　　어 큰 공을 세워 지휘관이 된다.
e) 辛丑 운부터 안 좋아 庚子 대운에 전쟁 중 사망하게 되었다.

ⓔ 관운장 사주

丙	甲	丙	甲
午	午	午	午
년	월	일	시

10년 대운

5	15	25	35	45	55	65
乙	丙	丁	戊	己	庚	辛
未	申	酉	戌	亥	子	丑

위의 사주를 쉽게 분석해보면 일원이 丙火로

화	토	금	수	목
6	0	0	0	2

관운장 사주는 전형적인 염상격 사주로 火가 용신이고 水가 기신이다. 따라서 관운장은 水운에 사망하였다. 즉, 庚子 대운에 죽음을 맞이한다.

㉥ 가색격(稼穡格)

稼(심을 가) 穡(거둘 색)이란 흙에 농사를 지어 거두어들인다는 뜻으로 土로만 구성된 경우를 말한다.

㉠ 구성 요건

a) 일주가 戊土 己土이며 지지가 辰, 戌, 丑, 未로만 구성되어야 한다.

b) 천간에 木이 없어야 한다.

c) 水가 많아도 土의 기가 손상되어 나쁘며 金이 있으면 식상이 좋아 부귀해진다.

ⓛ 용신과 기신

土가 용신이며 金과 火가 희신이고 水와 木은 기신이 된다.

ⓒ 辰月의 가색격

戊	丙	己	甲
戊	辰	未	戌
년	월	일	시

위의 사주를 쉽게 분석해보면 일원이 己土로

토	금	수	목	화
6	0	0	1	1

辰月 태생의 가색격이다.

ⓔ 戌月에 가색격

辛	戊	戊	己
丑	戌	辰	未
년	월	일	시

위의 사주를 쉽게 분석해보면 일원이 戊土로

토	금	수	목	화
7	1	0	0	0

戌月 태생의 戊辰 일주로 戌月의 가색격이다.

ⓜ 丑月의 가색격

己	丁	戊	己
未	丑	辰	未
년	월	일	시

위의 사주를 쉽게 분석해보면 일원이 戊土로

토	금	수	목	화
7	0	0	0	1

丑月 태생의 戊土로 丁丑月이 좋으며 가색격이다.

ⓗ 未月의 가색격

戊	己	戊	癸
戌	未	辰	丑
년	월	일	시

위의 사주를 쉽게 분석해보면 일원이 戊土로

토	금	수	목	화
7	0	1	0	0

未月 태생의 戊土 일주로 가색격이다.

㉔ 종혁격(從革格)

종혁격이란 金으로 구성된 사주를 뜻한다.

㉠ 구성 요건

일간이 庚金이나 辛金으로 申월이나 酉월에 태어나야만 한다.

지지가 申, 酉, 戌이나 巳, 酉, 丑 金局을 이루고 있어야 한다.

천간 지지에 金을 극하는 火가 없어야 한다.

㉡ 용신과 기신

金이 용신이고 土와 水는 희신이 되고 木과 火는 기신이 된다.

庚	庚	庚	庚
辰	辰	申	辰
년	월	일	시

위의 사주를 쉽게 분석해보면 일원이 庚金으로

금	수	목	화	토
5	0	0	0	3

金이 강한 종혁격 사주이다.

㉕ 윤하격(潤下格)

윤하격은 水局으로만 구성된 경우이다.

㉠ 구성 요건

a) 壬水나 癸水 일주로 亥月이나 子月에 출생하여야 한다.

b) 지지가 亥, 子, 丑이나 申, 子, 辰의 水局을 이루고 있는 사주이다.

c) 천간 지지에 水를 극하는 土가 없어야 한다.

ⓛ 용신과 기신

水가 용신이고 金과 木은 희신이고 火와 土는 기신이다.

ⓒ 사주 예

壬	癸	癸	癸
子	丑	亥	亥
년	월	일	시

위의 사주를 쉽게 분석해보면 일원이 癸水로

수	목	화	토	금
7	0	0	1	0

윤하격 사주이다 金, 水, 木운이 좋다.

라) 양신성상격(兩神成相格)

(가) 개념

양신성상격은 두 개의 오행으로만 천간지지가 구성된 경우로 수목상생격, 목화상생격, 화토상생격, 토금상생격, 금수상생격 등이 있다.

(나) 종류

㉮ 수목상생격

사주가 水와 木으로만 구성된 경우로 水와 木이 용신이고 土와 金은 기신이다.

ⓛ 사주 예

癸	甲	壬	癸
亥	寅	子	卯
년	월	일	시

위의 사주를 쉽게 분석해보면 일원이 壬水로

수	목	화	토	금
5	3	0	0	0

寅月 태생의 壬子로 水와 木으로만 사주가 구성되어 있는데 水木운에서 성
공한다.

ⓓ 목화상생격

⊙ 의의

사주에 木과 火로만 구성된 경우로 木과 火가 용신이고 金과 水는 기신이다.

ⓛ 사주 예

甲	丁	甲	丁
午	卯	午	卯
년	월	일	시

위의 사주를 쉽게 분석해보면 일원이 甲木으로

목	화	토	금	수
4	4	0	0	0

卯月 태생의 甲木일주로 木과 火로만 사주가 구성되어 있는데 木火운에서 성공하며 金과 水는 실패하는 운이다.

⑭ 화토상생격

㉠ 의의

사주가 火와 土로만 구성된 경우로 火와 土이 용신이고 水와 木은 기신이다.

㉡ 사주 예

丙	戊	丙	戊
午	戌	午	戌
년	월	일	시

위의 사주를 쉽게 분석해보면 일원이 丙火로

화	토	금	수	목
4	4	0	0	0

火와 土로만 구성되어 火와 土운이 와야 성공한다.

㉣ 토금상생격

㉠ 의의

사주가 土와 金로만 구성된 경우로 土와 金이 용신이고 木와 火은 기신이다.

ⓛ 사주 예

戊	辛	戊	辛
戌	酉	戌	酉
년	월	일	시

위의 사주를 쉽게 분석해보면 일원이 戊土로

토	금	수	목	화
4	4	0	0	0

사주가 土와 金로만 구성되어 土와 金운이 와야 성공하며 木화 火운은 실패한다.

ⓜ 금수상생격

㉠ 의의

사주가 金과 水로만 구성된 경우로 金와 水이 용신이고 火와 土가 기신이다.

ⓛ 사주 예

庚	壬	庚	壬
申	子	子	申
년	월	일	시

위의 사주를 쉽게 분석해보면 일원이 庚金으로

금	수	목	화	토
4	4	0	0	0

金과 水로만 구성되어 金과 水운이 와야 성공한다.

마) 비천록마격(飛天祿馬格)

비천록마격이란 사주에 특히 지지에 財나 官이 없어 財나 官을 가상해서 격을 구성하고 실제로 財나 官이 있으면 파격이 되어 좋지 않으며 合이 되어도 파격이 되어 좋지 않게 보는데 비천록마격에는 庚子, 壬子, 辛亥, 癸亥의 4 종류의 일주가 있다. 그 외 丙午와 丁巳일주는 도천록마격(倒天祿馬格)이라고 한다.

(가) 庚子일주

㉮ 구성 요건

a) 庚子 일주가 지지에 水가 많고 실제로 水를 극하는 巳나 午가 없어 財와 官이 없는데 丙火나 丁火를 가상해 도출하여 위관성(爲官星)하여 격을 정한다. 이때 실제로 丙火나 丁火가 사주에 있거나 지지에 巳나 午火가 있으면 아주 나쁘다.

b) 子의 경우 水 기능이 저하되면 안 되는데 子, 丑 합이 되어 水의 기능이 저하되면 아주 나쁘다.

c) 이때 지지에 寅이나 戌 중에 한 자가 있으면 좋고 未가 있어도 午火를 가상으로 유도하여 관운이 들어온다. 그러나 실제로 巳나 午운이 오면 아주 나쁘다.

㉯ 용신과 기신

비천록마격의 경우 庚子 일주는 子가 많을수록 좋고(용신) 寅이나 戌이나 未 중의 한 자가 있으면 좋다(희신).

午나 巳나 丑이 있으면 나쁘고(운에도 오면 나쁘다) 丙, 丁火운이 나쁘다.

㉓ 사주 예

丙	丁	庚	丙
子	酉	子	子
년	월	일	시

위의 사주를 쉽게 분석해보면 일원이 庚金으로

금	수	목	화	토
2	3	0	3	0

천간에 丙, 丁화가 있어 파격이나 지지에 巳, 午, 丑이 없어 비천록마격을 구성하고 있다. 子운에 정승까지 진급한 사주이다.

(나) 壬子일주

a) 지지에 子水가 많을수록 좋고 허충(虛沖)의 午를 뽑아 丙火와 丁火로 財星을 삼고 己土로 위관성을 삼아 비천록마격을 정하였다.

b) 사주에 子가 있고 丑이 있으면 안 되고 천간에 壬水를 극하는 戊土나 己土가 있으면 안 된다.

㉓ 용신과 기신

용신은 子이고 희신은 寅, 戌, 未 중의 하나이고 기신은 午나 丑이고 戊土와 己土이다.

④ 사주 예

壬	壬	壬	壬
子	子	子	寅
년	월	일	시

위의 사주를 쉽게 분석해보면 일원이 壬水로

수	목	화	토	금
7	1	0	0	0

임수 일간이 자수가 많은데 행운에서 오화를 만나 비천록마격이 되었다. 사주가 수기로 가득한데 시지에 인목이 있어 설기시키니 목화운이 길하나 금수운이 흉하다.

壬	壬	壬	丙
子	子	子	午
년	월	일	시

위의 사주를 쉽게 분석해보면 일원이 壬水로

수	목	화	토	금
7	0	1	0	0

비천록마격이 午火 때문에 안 되고 午火가 들어오면 아주 나쁘다.

사주의 천간, 지지가 丙午라 子를 극하니 노년에 쓸쓸한 거지 사주이다.

(다) 辛亥일주

㉮ 구성 요건

a) 亥가 많고 巳가 없으며 巳를 허충으로 끌어내서 巳 중에 丙火로 위관성하고 戊土로 위인성하는 비천록마격을 구성하고 있다.

b) 천간에 실제로 丙火나 戊土가 없어야 하고 지지에 巳가 없어야 한다.

㉯ 용신 및 기신

해가 용신이고 申, 酉, 丑 중의 한 자가 희신이며 기신은 천간에 丙, 丁 火와 戊土이고 지지는 巳와 寅과 戌이다.

㉰ 사주 예

丁	壬	辛	己
未	子	亥	亥
년	월	일	시

위의 사주를 쉽게 분석해보면 일원이 辛金으로

금	수	목	화	토
1	4	0	1	2

지지에 巳나 戌과 寅이 없고 천간에 丙, 丁이 투철하지 않아 비천록마격이 되었다.

(나) 癸亥일주

㉮ 구성 요건

a) 亥가 많고 巳를 허충하여 巳 중의 丙火로 위재성(爲財星)하고 戊土로 위
   관성하여 비천록마격을 구성한다.
b) 실제로 巳가 없어야 하고 寅이나 戊이 있으면 巳를 허충하지 못해 파격이
   되었다.
c) 천간에 丙火나 戊土가 없어야 한다.

④ 용신과 기신

亥가 용신이고 申, 酉, 丑 중의 한 자가 희신이 된다. 천간의 戊, 己土와 丙, 丁
火가 기신이 되고 지지에 巳가 가장 나쁘고 寅이나 戊도 기신이 된다.

④ 사주 예

丁	癸	癸	癸
亥	卯	亥	亥
년	월	일	시

위의 사주를 쉽게 분석해보면 일원이 癸水으로

수	목	화	토	금
6	1	1	0	0

해가 많고 亥, 卯, 未 木이 강해 식신이 좋고 지지에 巳와 寅, 午, 戊이 없어 귀
격의 비천록마격이 된 사주이다.

바) 도비천록마격(倒飛天祿馬格)

(가) 丙午일주

a) 午가 많고 子를 허충하여 子 중에 癸水로 위관성하며

b) 천간에 실제로 壬水나 癸水가 없어야 하고 지지에 子水나 亥水가 없고 未가 없어 午, 未 合하지 말아야 한다.

ⓐ 용신과 기신

午가 많아야 용신이고 子와 未가 기신이고 천간의 壬과 癸水가 기신이다.

ⓑ 사주 예

辛	丁	丙	己
酉	巳	午	丑
년	월	일	시

지지에 子와 未가 없고 천간에 壬水와 癸水가 없어 午운에 성공한 귀격의 사주이다.

(나) 丁巳일주

⑦ 구성 요건

a) 巳가 많고 亥가 없으면서 亥를 허충하여 亥 중의 壬水로 위관성하여 도비천록마격이 되었다.

b) 지지에 辰이나 申이 없어야 하며 있으면 반합하여 巳의 기능이 상실되어 나쁘고 천간에 실제로 壬, 癸水가 없어야 한다.

ⓐ 용신 및 기신

巳가 용신이고 지지의 亥 및 申과 辰은 기신이고 천간의 壬, 癸 水가 기신이다.

㉱ 사주 예

癸	丁	丁	乙
卯	巳	巳	巳
년	월	일	시

위의 사주를 쉽게 분석해보면 일원이 丁火로

화	토	금	수	목
5	0	0	1	2

지지에 亥가 없고 申과 辰이 없으며 천간에 壬水나 癸水가 투철치 않아 巳나 午운에 성공하였다.

사) 정란차격(井欄叉格)

정란차란 우물(지하수)을 다스려 지하수를 개발하는 격을 뜻하는데 庚金 일주에만 해당된다.

(가) 구성 요건

a) 庚金 일주가 지지에 申, 子, 辰 으로 이루어진 사주이다.

b) 庚申, 庚子, 庚辰 일주로 지지에 申, 子, 辰 전부를 갖고 있어 지지가 水局을 이루어야만 한다.

c) 지지에 巳, 午, 未 중의 한자라도 있으면 안 되고 또는 지지가 寅, 午, 戌 火局을 이루면 안된다.

d) 천간에 壬水나 癸水는 庚金의 官인 丙, 丁火를 깨뜨려 있으면 안 된다.

(나) 용신 및 기신

木火 동방운이 용신이고, 즉 천간에 甲, 乙 木과 지지에 卯운이 좋다.
기신은 寅, 午, 戌운이나 巳, 午, 未 운이 나쁘고 천간의 壬, 癸 水운도
나쁘다.

(다) 사주 예

癸	庚	庚	庚
卯	申	子	辰
년	월	일	시

위의 사주를 쉽게 분석해보면 일원이 庚金으로

금	수	목	화	토
4	2	1	0	1

庚 金에 지지가 申, 子, 辰 水局을 이루며 木火운에 성공하였다. 특히
지지에 인은 나쁘나 卯운이 가장 좋은 운이다. 이유는 寅 중의 甲木이
있어 甲庚沖 하기 때문이다.

아) 괴강격(魁罡格)

(가) 구성 요건

괴강이란 음양의 기가 단절되고 소멸되는 곳을 뜻하는데 庚辰, 庚戌,

壬辰, 壬戌 4일주를 말한다.

    a)괴강은 성격이 엄격하고 지조가 있으며 총명한데 괴강이 중첩되어야만

        귀격이고 괴강이 충과 극을 받으면 아주 나쁘다.

    b)괴강의 나쁜 작용은 남자보다 여자가 더 강하게 작용한다.

(나) 사주 예

甲	戊	庚	庚
寅	辰	辰	辰
년	월	일	시

위의 사주를 쉽게 분석해보면 일원이 庚金으로

금	수	목	화	토
2	0	2	0	4

남자 사주인데 괴강이 겹쳐 있으면서 충극이 없어 괴강격 중 귀격이
되었다. 土, 金, 水 운에 성공하고 木火운에는 실패한다.

차) 건록격(建祿格)

월지가 일간의 록이 되어 신강하게 된 사주를 뜻한다. 즉,

甲木 일간이 寅月 태생일 때
乙木 일간이 卯月 태생일 때

丙火나 戊土 일간이 巳月 태생일 때

丁火나 己土 일간이 午月 태생일 때

庚金 일간이 申月 태생일 때

辛金 일간이 酉月 태생일 때

壬水 일간이 亥月 태생일 때

癸水 일간이 子月 태생일 때를 건록격 사주라 한다.

보통 年에 녹이 임하면 배록(背祿)이라고 하고

月에 녹이 임하면 건록(建祿)이라고 하고

日에 녹이 임하면 전록(專祿)이라고 하고

時에 녹이 임하면 귀록(歸祿)이라고 하는데

月에 祿이 임하면 사주가 신강해질 우려가 있다. 건록격은 관성을 보아야 좋아 관성을 용신으로 잡는다.

壬	壬	甲	丁
辰	寅	寅	卯
년	월	일	시

위의 사주를 쉽게 분석해보면 일원이 甲木으로

목	화	토	금	수
4	1	1	0	2

甲木이 寅月 출생으로 건록격이며 신강사주이다.

식상인 丁火와 辛金과 己土가 용신인데 특히 金이 지나친 木을 제어해야만 한다. 이때 甲木의 경우 庚金은 甲庚沖이 되어 나쁘고 오직 辛金만이 필요하다. 따라서 金이 용신이기는 하나 庚金은 나쁘다는 점에 주의해야 한다.

만약 乙木이라면 辛金이 나쁘고 庚金이 필요하다. 건록격은 官이 필요한데 천간이 충극이 되지 않는 官만이 용신이 되는 점에 주의해야 한다.

카) 지지에 용신이 정해지는 경우

지지에 용신이 있는 경우는 지지가 삼합이 되는 경우를 뜻한다.

戊	癸	丁	己
子	亥	未	酉
년	월	일	시

위의 사주를 쉽게 분석해보면 일원이 丁火로

화	토	금	수	목
1	3	1	3	0

나의 힘인 화과 목이 1자인 신약사주이다.

土와 金이 강한 사주로 木이 필요한데 지지에 卯가 올 때 亥卯未로 木局을 이루어 묘가 용신이 된다.

丙	戊	甲	庚
申	戌	辰	午
년	월	일	시

위의 사주를 쉽게 분석해보면 일원이 甲木으로

목	화	토	금	수
1	2	3	2	0

나의 힘인 목과 수가 1자인 신약사주이다.

火 土 金이 강한 신약사주로 水와 木이 필요한데 이때 子가 들어오면
申子辰 水局이 되어 水木火로 甲木이 힘이 강해진다.

戊	庚	壬	癸
辰	申	申	卯
년	월	일	시

위의 사주를 쉽게 분석해보면 일원이 壬水로

수	목	화	토	금
2	1	0	2	3

나의 힘인 水와 金이 5자인 신강사주이다.

이때 자가 오면 申子辰 水局으로 壬水가 더욱 강해져 아주 나쁘다.

지지에 용신이 정해지는 것은 신약사주의 경우가 대부분이며 삼합으로 일간의 힘이 강하게 되어 좋게 작용하는 경우에만 해당된다.

3) 내격(內格)의 용신

(1) 개념

보통 격은 용신을 정할 때 진소암 선생이 《명리약언집》에서 제시한 억부용신법(抑扶用神法)을 기준으로 정한다.

사주가 인성(인성)과 비겁(비겁)이 강한 신강사주이면 내 힘을 빼는 식상(식상), 재성(재성), 관성(관성) 중에서 가장 좋은 오행으로 용신을 정하고 사주가 인성과 비겁이 약한 신약사주이면 내 힘을 보태주는 인성이나 비겁 중에 좋은 오행으로 용신을 정하는 이론이다.

내격은 억부용신원리에 따라 용신을 정하면 된다. 그 회에 통관용신(통관용신)과 조후용신법(조후용신법)을 보완하는 데 억부용신법이 기준이고 나머지 용신법은 보조 용신법으로 생각하면 된다.

(2) 억부용신론

억부용신법에 따라 용신을 정하는 기준 사주의 신강 신약을 고려해 용신을 정하는 기준은 다음과 같다.

각 팔자를 기본으로 100으로 보고 월지만 그 두 배인 200으로 본다. 지지에서는 지지의 오행으로 보는 것이 아니라 지장간의 각각의 힘을 따로 계산해보아야 한다.

인성이 강해 신강사주가 된 경우는 인성을 제거하는 재성(財星)이 용신이 된다.

비겁이 강해 신강이 된 경우는 식상, 재, 관 중에서 충극이 없는 십신을 용신으로 정한다.

재가 강해 신약하게 된 경우는 비겁이 용신이 된다.

관이 강해 신약하게 된 경우는 인성이 용신이 된다.

식상이 많아 신약할 때는 인성이 용신이 된다.

신강, 신약이 없는 균형된 사주는 충극이 없는 십신 중에서 용신을 정하며 십신의 내용 모두가 충극이 없다면 식상을 우선 용신으로 정한다.

가) 용신이 정해지는 범위

용신은 나에게 필요한 오행이면서 충극이 없어야 하며 태양권과 태음권상에서 나와 같은 권역에서 용신이 정해진다. 그리고 월주가 양권이면 양권인 천간일 때 월주가 음권이면 음권인 천간일 때 격이 높은 사주가 된다.

예로 음권인 甲丁己辛壬 중에 일원이 있으면 용신도 甲丁己辛壬 중에서 양권인 乙丙戊庚癸 중에 일원이 있으면 용신도 乙丙戊庚癸 중에서 나에게 충극이 없는 오행 중에 필요한 오행을 용신으로 잡는다.

나) 사주 감정하는 순서와 용신

용신은 나에게 필요한 오행으로 나를 좋게 해주는 오행을 뜻한다.

희신은 보통 용신을 생해주는 오행이라고 하나 꼭 그런 것만은 아니고 나에게 좋게 작용하는 오행으로 용신 다음으로 좋게 작용하는 오행을 뜻한다.

기신(忌神)은 나에게 나쁘게 작용하는 오행을 뜻하는데 사주에 따라 용신과 희신 및 기신은 절대 변할 수 없다. 즉, 자기 사주에 따라 자기 용신은 변할 수 없는 것이다. 자기 사주를 보고 자기 용신이 무엇인가를 알면 그 용신 해가 오면 좋고 기신 운이 오면 나쁠 수 있으니 용신이나 기신을 어떻게 준비하고 활용하는 가가 중요하다.

(3) 통관용신법

통관용신이란 서로 극하는 오행인 관이 강할 때 중간에서 상호 보완시켜 사주의 흐름을 좋게 해주는 경우이다.

예로 병화나 정화 일간인데 수가 너무 강해 수에 의해 화가 힘을 잃어버리는 관이 강한 사주일 때 중간에 목이 들어올 때 수생목 목생화로 목이 들어옴으로써 관을 인성으로 化해서 나를 강하게 해줄 때 이를 통관용신이라고 한다.

壬	辛	丁	甲
子	亥	亥	辰
년	월	일	시

위의 사주를 쉽게 분석해보면 일원이 丁火로

화	토	금	수	목
1	1	1	4	1

연월이 전부 수라 수에 의해 정화가 힘을 사용하지 못하는 사주이다. 이때는 꼭 목이 있어야만 수극화에서 수생목, 목생화하여 사주를 흘러 가게 할 수 있다. 이때 목을 통관용신이라고 한다.

(4) 조후용신론

조후용신법은 적천수(滴天水)에서 정리한 내용으로 사주가 차느냐, 더 우냐를 보고 차갑다면 더운 기가, 덥다면 차가운 기가 필요하다고 보는 이론이다.

예로 지지가 해자축으로 수국이면 겨울이라 사주가 춥다. 이때는 더 운 화가 필요하며 화가 용신이라고 보는 원리이다. 이는 억부로 볼 때에 도 수가 강한 사주로 그 힘을 관여하는 화가 당연히 필요하다. 그러므로 억부를 기준으로 하고 조후를 보조로 보면 된다. 하지만 억부에서 화가 기신일 때는 조후로 화가 용신이라고 해도 용신으로 보지 않는다.

4) 용신을 정하는 실 예

내격에서는 억부용신법에 따라 신강하면 식, 재, 관 중에서 충극이 없 으면서 자기권역에 있는 천간을 용신으로 잡는다. 신약한 사주면 인성과 비겁 중에서 용신을 정하는데 식상이나 관이 강해 신약해졌다면 인성을 용신으로 정하고 재가 강해 신약해졌다면 비겁을 용신으로 한다.

지지에서도 나에게 필요한 오행 중에 나의 일지와 충이 없어야 하면 합이 기신이 된다면 용신이 안 된다. 다시 말해 온전히 나에게 필요한 오행 중 아무 문제가 없는 천간과 지지만이 용신으로 보고 나에게 좋으나 권역이 다르거나 크게 필요하지 않은 것을 희신과 한신으로 정하고 이미 나에게 많아 더 이상 필요하지 않는 오행을 기신으로 기준하여 사주를 해석하면 된다.

그리고 용신과 기신을 체와 격으로만 정하는 것으로 끝나는 것이 아니라 그것이 어느 위치에서 어떻게 작용을 하는지까지 신중히 보아야만 올바른 해석을 할 수 있음을 명심하여야 한다.

VI

사주 실전편

1. 사람을 이해하기 위한 학문 사주

사주는 사람을 알기 위해서 본다고 필자는 생각한다. 그 '사람'에는 일단 내가 포함되는 것이고 그리고 부모, 자식, 친구, 직장동료, 거래처 사람들, 그리고 내 주위의 나와 관계를 맺는 사람들을 이해하기 위해서 보는 것이 사주이다. 물론 사주 하나만 가지고 그 사람의 모든 것을 알 수 있다고 생각하는 것은 자만이고 오만이지만, 사람을 이해하는 중요한 수단이 될 수 있는 것은 분명하다.

여기서부터는 사주를 통해서 사람을 알아가고 이해하는 법을 배워보도록 하겠다. 그에 앞서 주의해야 할 점은 사주팔자는 하나하나를 따로 보는 것이 아니라 각각을 보고 팔자를 조화해서 보아야 한 사람을 이해하는 수단이 된다는 것이다. 일원 하나만 보고 일주 하나와 월지 하나만 보고 사주를 판단해서는 안 되는 것이다. 그리고 사람은 단면이 아니라 다면이라는 것에 주의를 해야 한다. 소심한 면과 나를 알리고 싶어 하는 면이 같이 존재하는 사람들도 많다.

예를 들자면, 카메라가 돌면 미친 듯이 웃고 떠들면서도 집에서는 아무 말도 안 하고 과묵한 개그맨들이다. 그들은 이중인격이나 미친 것이 아니라 그런 다면을 가지고 있는 것이다. 그러므로 각각을 설명하는 것을 듣고 그것만으로 사람을 재단하는 것이 아니라, 그런 면도 가지고 있다고 생각하고 사람을 이해하는 수단으로 사용하기를 바란다.

2. 사주를 해석할 때 순서

a) 만세력(어플 등)을 참고 해서 사주명식과 10년운(대운) 세운(올해 운)을 뽑는다.

b) 일원(태어난 날의 천간)을 기준 오행으로 하여 오행이 각각 몇 자씩 있는지를 적는다.

c) 사주명식을 보고 합이나 충이 있는지를 확인한다.

d) 사주의 체와 격을 따져서 용신(필요한 오행), 희신(있으면 좋은 오행), 한신(무해무득한 오행), 기신(필요 없는 오행)을 확인하여 적는다.

e) 일원을 기준으로 하여 십신을 각각 표시한다.

f) 일원의 성향을 파악한다.

　　f-1) 일원 자체가 무엇인지를 본다.

　　f-2) 일원의 뿌리인 일지를 보고 사람의 성향을 본다.

　　f-3) 일원에 영향을 많이 주는 월주을 보고 격을 본다.

　　f-4) 팔자의 전체적인 구성을 보고 일원에게 각각 어떤 역할을 하는지 그로 인해서 일원이 어떤 성향을 가지는 지를 분석한다.

g) 십신이 각각 어떤 작용을 하는지를 확인한다.

　　g-1) 보통 비겁, 식상, 재성, 관성, 인성의 순으로 어디에서 어떤 역할을 하는지를 확인한다.

　　g-2) 용신, 희신, 한신, 기신의 기준으로 십신이 나에게 좋은지 나쁜지를 확인한다.

h) 다면적으로 사람을 그려보고 이야기를 나누어 그 사람에게 필요한 조언을 하도록 하자.

3. 일간인 나를 일단 이해하자

일간은 甲, 乙, 丙, 丁, 戊, 己, 庚, 辛, 壬, 癸로 구성되어 있다. 처음에 10천간을 배웠을 때 각각의 의미와 그 성향을 이야기하고 넘어간 적이 있다. 그 내용을 다시 확인하면서 그 사람의 기준이 되는 성격을 파악해보도록 하자.

앞에서 양권과 음권을 배운 것을 기억할 것이다. 10천간 중 양권인 乙丙戊庚癸인 사람들은 대부분 외향적으로, 무엇인가를 숨기지 않고 자기 할 말을 다 하는 성향을 가진 사람들이 많다. 그와 반대로 음권인 甲丁己辛壬의 사람들은 내성적으로, 자신의 속내를 잘 드러내지 않는 성향을 가지고 있다.

1) 甲木의 사람

甲木인 사람은 기본적으로 자기주장이 명확한 사람이다. 곧게 자라는 나무와 같이 주위 상황에 타협하기보다 자기의 가치를 가지고 변함없이 나아가는 성향을 가지고 있다. 그래서 학자 중에 甲木이 많은 것이다. 그러면서 甲木이 뿌리가 깊은 나무이고 음권이므로 내성적인 성향도 같이 가지고 있다. 정리하자면 자기주장이 뚜렷하고 타협하지 않는 고집을 가지고 있으나 자신의 속내를 다 드러내지 않는 성향을 가진다. 그렇기에 어떤 단체의 리더의 역할을 많이 한다.

여기서부터는 실전편이므로 조금 더 실제적으로 들어가 보겠다. 甲木이면서 갑인일주로 지지에 뿌리를 확실하게 둔 신강 사주일 때는 정말 타협을 하지 않고 손해를 감수하면서도 자기 일을 끝까지 하는 사람이다. 물론 그렇기 때문에 손해가 많고 사람들과 잘 어울리지 못하는 성향을 갖는다. 그러나 반대로 甲木이기는 하나 지지에 뿌리가 없고 어디에 기댈 곳도 없는 신약사주일 때는 자기 고집은 있으나 그것을 끝까지 관철시킬 힘이 없어 좌절을 하게 된다. 그리고 자기표현을 잘 하지 못해 속병이 걸리는 경우가 많고, 세상이 나를 도와주지 않는다고 한탄하게 되는 경우가 많다.

여기까지는 단적인 신강의 甲木과 신약한 甲木만을 이야기했지만 힘의 강약의 정도에 따라 그리고 십신의 위치나 역할 등에 따라 더 세분화됨을 기억하여야 한다.

2) 乙木인 사람

乙木인 사람은 기본적으로 처세술이 좋은 사람이다. 乙木이라는 것은 한겨울을 이겨 내고 살아남은 새싹이므로 아무리 척박한 환경에서도 살아남는다. 그리고 바람이 불면 부는 대로, 지나가는 사람이 밟으면 밟히는 대로 다시 살아나는 것이 乙木의 성향이다. 그래서 甲木과는 달리 자기주장이 강하기보다 상황에 따라 적응하는 성향을 가진다. 그렇지만 생존력이 강한 성향으로 모로 가도 서울만 가면 되는 것처럼 목적의식은 뚜렷해서 목적 자체를 잃어버리지는 않는다. 甲木이 학자라면, 乙木은 타협을 잘하는 성향으로 정치인이나 장사꾼 영업사원 등이 많다.

乙木은 외향적인 사람으로 다른 사람과 어울리고 이야기 나누는 것을 힘들어 하지 않으며 상황에 맞게 행동하는 것이 더욱 현실적이며 현명하다고 생각한다. 정리하자면, 목적의식은 뚜렷하나 자기주장만을 고집하기보다 상황에 따라 대처하는 능력이 좋고 조금 돌아간다고 해도 더 빨리 갈 수 있는 길을 찾는 사람이다. 그래서 여러 곳에서 참모의 역할을 하는 경우가 많다.

여기서부터는 실전이므로 조금 더 들어가 보자. 乙木이면서 을묘일주로 지지에 뿌리를 확실하게 둔 신강 사주일 때는, 목적이 너무 우선되어 개인주의 적이며 이기주의적인 성향을 가지고 있어 남보다는 나를 우선하는 성향을 가진다. 그러나 반대로 乙木이기는 하나 지지에 뿌리가 없고 어디에 기댈 곳도 없는 신약사주일 때는, 자기가 무엇을 하고자 하기보다 상황에 맞춰서만 생각하고 판단하므로 자기주장이 없고 우유부단한 성향을 가진다.

지금까지는 단적인 신강의 乙木과 신약한 乙木만을 이야기했지만 힘의 강약의 정도에 따라 그리고 십신의 위치나 역할 등에 따라 더 세분화됨을 기억하여야 한다.

3) 丙火인 사람

丙火인 사람은 기본적으로 외향적이고 모든 사람에게 친절하며 열정적인 사람이다. 丙火라는 것은 태양이 지구를 비추는 것으로 모든 것이 드러나며 숨길 수 없는 특성을 가진다. 그래서 다혈질적인 성향을 가지기도 한다. 그리고 나도 모든 것을 드러내는 성향을 가지므로 내성적인 사람을 쉽게 이해하지 못 하고 감추는 듯한 느낌을 주는 사람을 좋아하지 않는다. 더욱이, 더 깊이 생각하는 성격이 아니고 있는 그대로를 표현하는 사람이라서 호불호가 뚜렷하고 감춘다고 노력해도 감추지 못하는 성격을 가지고 있다. 열정적이고 진취적인 성향으로 영업이나 화류계 쪽에서 사람들과 상대하는 직업을 가지는 것이 좋다.

丙火이면서 丙午일주로 지지에 뿌리를 확실하게 둔 신강 사주일 때는 성격도 강한데다가 불같은 면이 있고 자존심도 강해서 자기주장이 너무 강하고 주위 사람을 이끌고 나가야만 하는 성격을 가진다. 그러나 반대로 丙火이기는 하나 지지에 뿌리가 없는 신약사주일 때는 봄의 햇살처럼 따뜻하고 온화한 성향을 가지고 주도하기보다 이해하고 잘 어울리는 성격을 가지기도 한다. 물론 강약에 따라 일주에 따라 각각의 역할에 따라 더 많이 세분화됨을 알아야 한다.

4) 丁火인 사람

丁火인 사람은 기본적으로 내향적이고 다른 사람에 이야기를 듣고 그것을 받아들이는 온화한 사람이다. 丁火라는 것은 태양이 지구를 비추어 땅이 따뜻해진 것으로 丙火와는 다르게 화의 기운을 표출하는 것이 아니라 화의 기운을 받아들여 품고 있는 것이다. 그러므로 표현하기보다 이해하고 수용하는 측면을 가지고 있다. 하지만 화는 화이기 때문에 욱하는 성향을 가진다. 욱한다는 의미는 화를 내지 못 하는 사람들이 자신이 생각지도 못하는 부분에서 자신을 주체하지 못하고 내지르는 경우를 말하는 것이다. 丁火의 경우도 영업이 맞는 성격인데 이는 丙火처럼 아무에게나 먼저 다가가 말을 걸고 나를 나타내는 성격은 아니고, 내가 어떤 틀을 가지고 있고(직장, 가게) 그곳에 사람들이 찾아와서 원하는 것을 묻는다면 그 사람에 맞춰 필요한 것들을 제시하거나 설명하는 성향을 가지고 있다. 그러므로 물건을 파는 것뿐만 아니라 사람과 상담하는 직업도 어울리는 성향이다.

丁火이면서 丁巳 일주로 지지에 뿌리를 확실하게 둔 신강사주일 때는 온화하지만 고집이 강하고 내색은 하지 않아도 자기 주관이 꺾이지 않는 성격을 가지고 있다. 자존심을 상하게 할 경우 확 돌아버리는 경향이 있다. 그때는 흔히 말하는 물불을 가리지 않고 싸우는 성향을 가지고 있다. 그리고 丁巳 일주일 때는 겁재라는 부분이 있어 허세가 있고 돈이 새는 경우가 있다. 남자의 경우, 돈으로 인해 부인과의 관계가 좋지 않은 경우가 있을 수 있다. 반대로 丁火이기는 하나 지지에 뿌리가 없는 신약사주일 때는 자기 주관이 불명확하고 다른 사람의 의견을 따르는 경향을 가지고 있다.

5) 戊土인 사람

戊土인 사람은 화토 일색으로, 丙火의 성향을 가진 사람과 비슷한 특성을 가진다. 기본적으로 외향적이고 다른 사람의 의견을 수렴하는 대범한 성향을 가진다. 土라는 성향은 모이는 성향이면서 중앙이고, 중도이므로 고집스러운 면과 중도적인 특성을 같이 가지고 있어 대범하다. 戊土라는 것은 태양이 지구를 비출 때 거기에 비추어지는 땅 위를 말하는 것이고, 이로 인해 화토일색이라고 한다. 모든 것이 드러나며 숨길 수 없는 특성을 가진다. 다른 사람의 의견을 수렴하는 것은 좋으나, 표현하지 않는 사람에게 왜 자신을 표현하지 않느냐고 윽박지르는 특성도 같이 가진다. 땅 위라는 것은 나를 다 내보이는 곳이므로 자신을 숨기기보다 다 드러내놓고 이야기하는 것을 좋아한다. 직업적으로는 중도적인 성향을 같이 가지고 있어 사업이나 영업이 어울리는 사람이다. 의견을 모으고 방향을 정하는 것이 능한 정치적인 사람이다.

戊土이면서 戊戌일주로 지지에 뿌리를 확실하게 둔 신강사주일 때는 고집이 너무 세고 다른 사람의 말을 들어주기는 하지만 듣기만 하고 수렴하지는 않는 성향을 가지고 있어 고집불통의 이미지를 갖는다. 그러면서도 무술은 지지에 화개를 가지고 있어 머리가 비상하고 사람을 잘 설득하는 성격이다. 반대로 戊土이기는 하나 지지에 뿌리가 없는 신약사주일 때는 고집은 있으나 주관이 강하지 못해 우유부단한 면을 가지고 있을 수도 있다. 이런 성향일 때는 자기 의견이 아니라고 해도 정치적인 중도적인 성향으로 주위 사람을 화합시키는 특성은 가지고 있다. 직업은 역시 사업이 어울리고 자기주도적이기보다 사람을 잘 다루는, 또는 어울리는 특성을 가지고 있다.

6) 己土인 사람

己土인 사람은 화토 일색으로 丁火의 성향을 가진 사람과 비슷한 특성을 가진다. 기본적으로 내향적이며, 자기만의 세상을 가지고 있는 특성을 가지고 있다. 다른 사람의 이야기를 듣기만 할 뿐, 나의 주관을 바꾸지는 않는다. 己土는 나를 드러내지 않는 성향으로 다른 사람의 의견에 반대를 한다거나 거부하지 않고 자신의 길만을 고집하는 성향을 가지고 있어, 전혀 모르는 사람이 볼 때는 참 착하고 순한 성격이나 같이 일을 해보면 속을 알 수 없고 고집불통인 성향을 가지고 있다. 己土의 경우 자신만의 주관이 뚜렷하고 남과 타협하지 않는 성격으로 전문직에 종사하는 경우가 많다. 전문직이나 학자의 성격과 잘 맞는다.

己土이면서 己丑일주로 지지에 뿌리를 확실하게 둔 신강사주일 때는 고집이 너무 세고 다른 사람의 말을 듣는 것까지만 하고 수렴하지는 않는 성향을 가지고 있어 고집불통의 이미지에 다른 사람이 파악하기 힘든 성격을 가지고 있다. 하지만 표현하지 않을 뿐 자기 주관이 강하고 끝까지 밀어 붙이는 성향을 가진다. 단지 그것을 내색하여 다른 사람과 타협하려고 하지 않는 나만의 길을 가는 성격이다. 그러면서도 己丑은 지지에 화개를 가지고 있어 머리가 비상하고 자기 세상이 뚜렷해서 자기 분야에서 인정받는 경우가 많다.

반대로 己土이기는 하나 지지에 뿌리가 없는 신약사주일 때는 고집은 없고 주관이 약해 우유부단한 면을 가지고 있다. 더욱이 자신의 속내를 잘 드러내지 않아 잘 삐치고 많은 사람들과 어울리는 것을 꺼려하는 성향이 있다. 하지만 자신을 잘 이해하는 몇몇과는 정말 친하게 지내는 성향을 가진다.

7) 庚金인 사람

庚金인 사람은 계절상 가을에 해당하며 열매를 맺고 마무리를 하는 성향을 가진다. 그래서 모든 일을 단정하는 성격을 가지고 직선적인 성향을 가져서 결론을 짓기를 좋아하며, 자신이 가지는 주장을 그때마다 표현하는 성격을 가진다. 물론 고집스러운 면도 있겠으나 자신이 잘못한 것에 대해서도 쉽게 인정하는 성격을 가지고 있어 우리가 흔히 말하는 뒤끝 없는 성격이다. 기면 기고 아니면 아닌 성격을 가진다. 그렇기 때문에 '이럴 수도 저럴 수도 있다'는 여지를 두지 않는 성격으로, 유연한 성격은 아니며 직선적이고 직관적인 성격이다. 자기표현이 너무 뚜렷하고 거침이 없는 성격으로 인해 사람을 불편하게 만드는 경우도 있으나, 알고 지내면 참 단순한 사람이기도 하다.

庚金이면서 庚申일주로 지지에 뿌리를 확실하게 둔 신강사주일 때는 자기주장이 강하고 타협하지 못 하는 성격이고, 무엇이든 결론이 나야만 하고 다른 사람을 주도하는 면이 있어 나를 기준으로 옳고 그름을 판단하여 같이 갈 사람과 버려야 하는 사람을 구분하는 극단적인 편협함을 가진다. 庚申일주에 대표적인 사람이 박정희 전 대통령으로 자기의 주장대로 모든 것을 이끌어 가는 독재자 성향을 가지고 있다.

반대로 庚金이기는 하나 지지에 뿌리가 없는 신약사주일 때는 직관적이고 직설적이기는 하나 자기주장만을 고집하지는 않고 마음에는 안 들어도 다른 사람의 의견을 수렴하기도 한다. 즉, 표현을 하되, 이것만이 답이라고 고집하지는 않는다. 이 성격이 안 좋게 풀리면 깐죽거리고 딴죽을 거는 성격으로 비춰질 수도 있다. 그것은 내가 생각하는 바와 다를 때, 크게 주장하지는 못하고 자신의 의견을 말하는 방식으로 볼 수 있다. 그렇다고 해서 속으로 음모를 꾸미거나 뒤에서 다른 이야기를 하지는 않는 성격으로 단지 자신을 표현하는 방식이 즉각적이기 때문에 나타나는 현상이다.

8) 辛金인 사람

辛金인 사람은 계절상 가을에 해당하며, 열매의 씨앗으로 마무리를 하는 성향을 가지나 庚金과 달리 표현하지 않는다. 그래서 자신의 주관이 뚜렷하고 단정적이기는 하나 그것을 즉각적으로 표현하지 않아 고집은 있으나 주장을 하지 않아 사람을 혼동하게 만드는 성격이다. 하지만 말을 하지 않을 뿐 온몸으로 자신의 주장을 이야기하는 성격이다. 좋다고는 하지 않아도 싫다고는 뚜렷하게 주장하고 그것을 주위 사람들이 다 알 수 있게 나타내는 사람이다. 그리고 깊게 생각하는 성격을 가지고 있어 즉각적으로 나를 표현하기보다 깊게 생각하고 자신의 주장을 관철해나가는 성격을 가진다. 자신과 맞지 않는 사람에게는 이렇다 할 표현을 하지 않고 선을 긋는 사람으로, 아니라고 판단하면 안 보는 성향을 가진다. 다시 말해 저 사람이 아니다 싶으면 庚金의 경우 어떤 부분이 잘못되었고 어떤 부분은 고쳐야 한다고 이야기해서 맞춰 가려는 성향이 있다고 하면, 辛金은 나 혼자 판단하고 결론이 나면 그 결론에 따르는 성향을 가지고 있어 인간관계에서 조심하여야 한다.

辛金이면서 辛酉일주로 지지에 뿌리를 확실하게 둔 신강사주일 때는 자기 고집이 너무 세고 다른 사람의 의견을 듣지 않는다. 다른 사람과 잘 어울리지 못하고 차가운 사람으로 비추어진다. 辛酉일주는 자기의 주장대로 모든 것을 이끌어 가는 독재자 성향을 가지고 있다. 반대로 辛金이기는 하나 지지에 뿌리가 없는 신약사주일 때는 직관적이고 직설적이기는 하나 자기주장만을 고집하지는 않고 마음에는 안 들어도 다른 사람에 의견을 수렴하기도 한다. 즉, 단정은 하되 고집하지는 않는다. 그러므로 辛金일때는 신강보다 차라리 신약일 때가 더 좋다고 볼 수도 있다.

9) 壬水인 사람

壬水인 사람은 음권의 대표적인 사람으로 자신의 이야기를 하기보다 다른 사람의 이야기를 듣고 수용하는 성향을 가진다. 나도 옳고 너도 옳다는 성격을 가진다. 그렇다고 마냥 받아들이는 성격으로만 보면 안 된다. 물이라는 것은 부드럽고 유한 성격의 대표이지만 해일처럼 무서운 성격도 가지고 있다. 내가 가지는 기준점 또는 수용점이 있고 그 안에서 사람들을 이해하고 받아들이지만, 그 경계를 넘어갈 때는 손해를 감수하고서라도 주위를 초토화시키는 성향을 가지기도 한다. 그리고 나의 경계를 잘 표현하지 않는 성향도 가지고 있어 화내면 무서운 사람으로 인식하고 미리 조심할 필요가 있다. 그렇다고 해서 丁火처럼 갑자기 욱하기보다 명확한 선이 있는 사람이므로 서로를 배려한다면 크게 문제를 일으키지 않는 사람이다.

壬水이면서 壬子일주로 지지에 뿌리를 확실하게 둔 신강사주일 때는 자존심은 강하나 남들과 다투지 않고 자기의 주장을 굳이 말하지 않는 특성도 가지는가 하면, 자신의 경계가 뚜렷해서 아닌 사람과는 안 보는 성향을 가진다. 하지만 壬水라는 자체가 남들을 잘 이해하고 수용하는 성격으로 강하다고 해도 다른 천간처럼 강하지는 않은 사람이다. 또한 수의 기운이 너무 강할 때는 다른 천간들과 달리 우유부단하고 자기가 하고 싶은 것을 하기는 하나 그것이 자기의 주장인지 다른 상황의 역할 인지를 인식하지 못할 때가 있다. 다시 말해 자기 사람이나 자기 자신을 너무 믿는 성향을 가지고 있다. 반대로 壬水이기는 하나 지지에 뿌리가 없는 신약사주일 때는 자기 주관보다 상황에 맞추는 경향이 강해서 적을 만들지 않고 무난하게 살아가려는 성향을 가진다. 좋게 이야기하면 상황에 순응하면서 살아가는 사람이나, 나쁘게 이야기하면 주장이 없고 유약한 사람이 된다.

10) 癸水인 사람

癸水인 사람은 '사람 좋은 사람'으로 많은 사람과 잘 어울리며 융화되는 성향을 가진다. 癸水는 하늘에서 내리는 빗물이라는 의미를 가지고 동시에 흐르는 물이라는 의미를 가진다. 그러므로 잘 어울리고 잘 노는, 분위기를 잘 띄우는 사람이다. 지극히 외향적인 사람으로 무엇을 감추거나 가리지 않으며 주위 사람들을 잘 묶는 사람이고 분위기 파이다.

癸水이면서 癸亥일주로 지지에 뿌리를 확실하게 둔 신강사주일 때는 분위기를 주도하여 사람들을 이끌어 가는 리더의 성향을 가진다. 내 고집보다는 다수의 의견을 잘 수렴하고 나아갈 바를 제시하는 성향이다. 하지만 너무 물만 있을 경우, 너무 퍼주는 성격으로 내 것이 네 것이고 네 것도 네 것인 성향으로 자기 것을 잘 챙기는 못하는 특성을 가지기도 한다. 반대로 癸水이기는 하나 지지에 뿌리가 없는 신약사주일 때는 사람들과 잘 어울리고 융화되는 성격이나 주도하려 하지 않고 분위기를 잘 맞추는 성격을 가지고 있다. 그리고 착한 사람이 되기 위해 노력하는 스타일로 자기보다는 남을 너무 배려해서 힘들기도 하다.

위의 성향은 각 천간의 성향과 그 극단만을 예시한 것이다. 그것은 같은 천간이라고 해도 구성에 따라 많이 달라질 수 있다는 예시를 들어 설명하기 위함이다. 그렇기 때문에 천간만을 보고 사람을 판단하여서는 안 된다. 그 천간의 성격을 가지고 있으나 오행의 구성에 따라, 지지의 구성에 따라, 십신의 위치에 따라, 체와 격에 따라 사람을 보아야 한다. 그러므로 단정 지을 수는 없으나, 그 성격이 이럴 수 있다고 이해하는 것이 좋다. 아래 내용에서 계속적으로 그 이해를 돕기 위한 예시를 계속할 것이다. 분류가 많아지고 구체화될수록 사람을 이해할 수 있을 것이다.

4. 왜 싸울까?(10천간의 충극)

1) 甲庚沖의 관계

甲木의 성향을 간단히 이야기하자면, 깊게 생각하고 자신의 주장을 굳히지 않는 올곧은 사람이다.

庚金의 성향을 간단히 이야기하자면 단정적이고 직설적인 사람이다. 그러다 보니 甲木인 사람은 즉각적이지 못한데 庚金은 모든 사실을 현재로 단정 지으려는 성향이 있고 지금 당장 답이 나와야 하는 사람이다.

그에 비해 甲木은 깊게 생각하기에 장고를 거치는 사람이다. 그러니 어떤 일에 반응하는 속도가 甲木과 庚金의 성향을 가진 사람은 전혀 다르다.

또한 庚金의 사람은 단정적이기는 하나 잘못은 또 쉽게 인정하는 사람인데 비해, 甲木은 자신의 주장이 있으면 손해를 본다고 해도 끝을 보는 성향이다. 그러니 의사결정부터 주장을 하는, 그리고 끝을 보는 것까지 반대의 성향이기 때문에 서로 안 맞는다. 더욱이 甲木의 입장에서 庚金은 너무 쉽게 판단하는 가벼운 사람이고 일을 너무 단순화시킨다고 본다. 庚金이 봤을 때 甲木은 결론이 잘 나지 않고 고집스러운 사람으로 서로를 이해하기도 쉽지 않은 성향을 가지고 있다.

그렇다면 해결책은 없을까? 그냥 인정하면 된다. 내가 이렇듯 저 사람이 저런 것이라고 인정하고 서로를 억지로 맞추기보다 서로를 인정하고 안 맞는다는 것을 전제로 관계를 설정해야 한다.

2) 乙辛沖의 관계

乙木의 성향을 간단히 이야기하자면 어떤 상황에서도 그 상황에 맞게 움직이는 유연한 사람이면서 목적을 잃지는 않는 사람이다.

辛金의 성향을 간단히 이야기하자면 단정적이고 고집스러우면서도 자기표현을 잘 하지 않는 사람이다. 그래서 싫은 것은 티가 나지만 정말 원하는 것은 잘 표현하지 않는 사람이다.

乙木인 사람은 상황에 따라 언제든지 변화하는 유연한 사람인데 辛金은 자기가 원하는 것은 표현하지 않을 뿐 고집이 있는 사람이기 때문에 상황마다 달라지는 乙木의 유연함을 줏대가 없다고 생각해서 좋아하지 않는다. 乙木의 입장에서도 상황에 적응하기보다 옳든 그르든 자기가 하고 싶은 것만을 주장하고 타협하려 하지 않는 辛金을 힘들어한다. 유연함이 통하지 않는 사람이기 때문이다. 다시 말해, 辛金은 乙木을 가볍게 여기고 乙木은 辛金을 답답해한다.

그렇다면 해결책은 없을까? 없다. 乙木 입장에서는 자신의 유연함이 통하지 않고 辛金의 입장에서 乙木의 유연함이 너무 가볍다. 특히 乙木은 辛金으로 인해서 너무 큰 스트레스를 받게 되고 乙木은 유연하기 때문에 어떻게든 맞추려 하지만 辛金은 따로 노력을 하지 않는다. 물론 다른 십신들의 역할에 따라 다르기는 하겠으나 쉽지는 않다.

3) 丁癸沖의 관계

癸水의 성향을 간단히 이야기하자면 사람들과 잘 어울리고 분위기를 잘 살리는 분위기파이자 착한 사람이다. 어떤 행동을 할 때 깊게 생각하지 않고 긍정적으로 판단하고 결정하는 성향을 가지고 있다.

丁火의 성향을 간단히 이야기하자면 다른 사람의 말을 받아들이고 마음이 따뜻한 사람이다. 그러면서 소심하고 상처를 쉽게 받는 성향을 가지고 있다.

둘 다 착하고 남들을 이해하는 사람인데 왜 안 맞는 것일까? 바로 표현 방식이 너무 "다르기 때문"이다. 丁火는 나를 표현하기보다 받아들이는 성향인데 癸水는 너무 나서는 성향을 가지고 있고 癸水가 나에게 다가오는 것이 소심한 丁火에게는 너무 불편하다.

다시 말해 사람을 천천히 알아가도 충분한데 너무 적극적으로 다가오는 癸水를 꺼려한다. 그리고 癸水가 아무 의미 없이 하는 행동이 丁火인 사람에게 너무 깊은 고민을 주고, 적응할 만하면 변화하는 癸水가 이해가지 않는다. 그러면서도 丁火도 火인지라 욱하는 부분이 있는데 癸水의 입장에서는 아무 이유도 없이 갑자기 화를 내는 丁火가 이해되지 않는다.

그렇다면 해결책은 없을까? 丁火가 신강일 때는 의외로 癸水의 행동까지도 이해하고 자신의 주장을 끝까지 가는 성향이 있어 되레 癸水가 그에 맞추는 성향을 가지기는 한데 丁火가 신약할 때는 丁火에게 癸水인 사람은 너무 버겁다. 깊게 고민하고 이야기를 하면 癸水인 사람은 너무 쉽게 이야기하는 성향이 있어 이 둘 역시도 잘 맞지 않는다.

4) 丙壬沖의 관계

丙火의 성향을 간단히 이야기하자면 열정적이고 나를 숨기지 않으며 모든 것을 포용하려는 사람이다. 물론 다혈질적인 성향도 가지고 있으나 기본적으로 착한 사람이다.

壬水의 성향을 간단히 이야기하자면 다른 사람의 말을 수용하고 자신의 주장을 쉽게 펴지 않는 사람이다. 물론 水의 성향상 계산적이고 논리적인 부분은 있으나, 그것이 나만의 주장이 아니고 상황을 판단하는 것이므로 순하고 착한 사람이다.

서로 많이 달라서 잘 안 맞을 것 같지만 의외로 잘 맞는 성향이다. 왜냐하면 성향이 너무 극단적으로 다른데다가 강해서 서로를 인정하는 성향이라서 丙火에게 壬水는 나의 이야기를 다 들어주고 나에게 좋은 조언을 하는 사람이고 壬水의 성향에서 丙火는 나와 달리 참 활달하고 에너지적인 사람이라서 의외로 잘 맞는 측면을 가지고 있다.

바다의 물이 하늘의 해를 가리지 않듯 둘은 공존하는 관계로 보면 된다. 너무 다르면 다투지 않는다. 왜냐하면 노력으로 변할 것이 없기 때문이다. 그래서 비슷하지만 조금은 다른 경우에는 상대가 조금만 노력하면 나와 맞을 것 같다는 생각에 더 치열하게 다투는 경우가 있다. 그것의 예가 바로 원진살이다. 원진살은 칠살(관살)보다 훨씬 약하지만 의외로 관계는 더 좋지 않다. 왜냐하면 상대가 조금만 노력하면 가능할 거라고 생각하는 것이 문제가 되는 것이다. 내가 그 사람에게 맞춰 가는 것은 나의 노력이지만, 그 사람이 나에게 맞추기를 바라는 것은 아집이다.

충이라는 것은 서로 안 맞는다는 것이다. 상대가 나쁘다는 의미는 아니다. 서로가 왜 안 맞는지를 안다면 서로를 쉽게 이해하고 나와 다른 면을 인정하고 각자가 노력한다면 서로 실수를 하지 않고 관계를 유지할 수 있는 결과를 가지기도 한다. 우리가 실제로 생활을 하다보면 너무나 친한 사람과 관계가 나빠지면 원수가 되지만 서로 조심하며 사귄 사람이 더 오래가는 것을 보면 알 수 있다. 천간의 충으로 알리고자 하는 것은 너희 둘은 안 맞는다는 결과가 아니라 서로를 이해하기를 바라는 마음에서이다.

5. 왜 친할까?(10천간의 합)

1) 甲己合土(중정지합)

甲木의 성향을 간단히 이야기하자면 깊게 생각하고 자신의 주장을 굳히지 않는 올곧은 사람이다.

己土의 성향을 간단히 이야기하자면 자신만의 세상이 있는 사람으로 생각이 깊고 자신을 즉각적으로 표현하지 않는 사람이다. 그러면서도 논리적이고 합리적인 것을 좋아하는 성향이다.

甲木과 己土의 성향의 공통점은 생각이 깊고 말을 진중하게 하는 성향이다. 물론 甲木이 더 주관이 뚜렷한 성향을 가지지만 己土는 土의 특성인 중도이고 포용하는 특성을 가지고 있다. 甲木의 성향은 논리적인 것에는 또 쉽게 수긍을 하는 측면을 가지고 있으면 己土가 나를 이해해 준다면 甲木은 己土를 믿는다. 그래서 둘은 잘 타협에서 좋은 결과를 도출한다. 의외로 甲木보다는 己土의 말을 따르게 된다.

2) 乙庚合金(인의지합)

庚金의 성향을 간단히 이야기하자면 즉각적으로 자신을 표현하는 사람이다.

乙木의 성향을 간단히 이야기하자면 어떤 상황이 주어지든 유연하고 잘 타협하는 성향을 가지고 있다.

庚金과 乙木의 성향의 공통점은 즉각적이고 자기를 잘 표현하는 특성을 가지고 있다. 庚金은 주장하고 乙木은 庚金의 주장에 맞춰 길을 제시한다. 그러므로 庚金이 주장하는 대로 따르면서도 乙木이 그에 맞춰 제시하는 방향을 庚金도 쉽게 이해하고 자신의 생각을 수정하기도 하다.

똑같이 木과 金이지만 甲庚沖이나 乙辛沖과는 달리 乙庚合金이 된다. 이는 庚金과 乙木은 자신을 숨기지 않고 표현하고 서로 그 상황에 맞게 주장을 변화할 수 있는 사람으로 잘 맞는다. 물론 결론적으로는 庚金은 목적을 바꾸지는 않지만 가는 길은 乙木의 길을 따른다.

3) 丙辛合水(위엄지합)

丙火의 성향을 간단히 이야기하자면 열정적이고 나를 숨기지 않으면 모든 것을 포용하려는 사람이다. 그에 비해 辛金의 성향을 간단히 이야기하자면 단정적이고 고집스러우면서도 자기표현을 잘 하지 않는 사람이다.

그럼에도 丙火의 성향이 워낙 강하고 辛金을 녹일 정도로 열정적이고 포용력이 있는 사람이기 때문에 辛金이 丙火를 따르는 경향을 가지게 된다. 극과 극은 서로 만나는 것과 같은 이치이다. 다시 말해, 丙火의 성향이 강하여 辛金까지도 포용하는 측면이 있으며 辛金의 입장에서는 丙火에 맞춰지는 경향을 가진다. 말 그대로 묘하게 잘 맞는 성향이다. 그

합은 水이니 그렇게 자연스럽게 흘러간다는 의미로 해석하면 된다.

4) 丁壬合木(인수지합)

丁火의 성향을 간단히 이야기하자면 다른 사람의 말을 받아들이고 마음이 따뜻한 사람이다.

壬水의 성향을 간단히 이야기하자면 다른 사람의 말을 수용하고 자신의 주장을 쉽게 펴지 않는 사람이다.

그러다 보니 둘 다 서로를 이해하고 받아들이는 성향을 가지고 있고 많은 말을 하지 않아도 서로를 이해하기 위해서 노력하는 성향을 가지고 있다. 그러면서도 서로가 많은 표현을 하지 않는 성향이라서, 이심전심으로 서로를 이해하는 성향을 가지고 있다. 그러므로 서로를 충분히 배려하여 서로에게 이로운 결론을 만들어 내는 관계이다.

5) 戊癸合木(무정지합)

戊土의 성향을 간단히 이야기하자면 고집은 있으면서도 대범하고 다른 사람의 의견을 일단 수렴하고 그에 맞춰서 자신의 주관을 이야기하는 사람이다.

癸水의 성향을 간단히 이야기하자면 사람들과 잘 어울리고 분위기를 잘 살리는 분위기파이자 착한 사람이다.

戊土와 癸水는 자신을 숨기지 않고 표현하는 사람이면서 戊土가 기준

이 되어 癸水의 의견을 수렴하고 서로의 답을 이끌어 가는 능력이 戊土
가 가지고 있다. 그럼으로 둘이 만나면 말이 많고 열정적이면서 잘 논다.
그러면서도 서로를 도우면 좋은 결과를 가지고 오는 좋은 합이다.

6. 결론

　그렇다면 합이면 무조건 좋은 것일까? 물론 서로가 잘 맞고 이해가 쉽다는 것은 맞다. 하지만 그로 인해서 얻어지는 결과가 나에게 필요한 용신이 되면 좋겠으나 나에게 불필요한 기신이 되면 안 좋다.

　예로 말하자면 신강한 庚金은 자신의 고집이 세고 자기주장대로 하는 경향이 있는데, 乙木을 만나 나를 제어하는 것이 아니라 내가 하고자 하는 바에 더 쉽게 다가가게 된다면, 잘 맞아서 가는 것까지는 좋으나 그로 인해 너무 앞서가서 실수하게 되는 경우를 가지기도 한다. 그러므로 잘 맞는다는 것과 반드시 그것이 나에게 이로운 것과는 구별하여야 한다.

　그렇다면 충은 어떨까? 무조건 나쁘기만 할까? 역시 예를 들어보자 신강한 甲木일 때 庚金이 와서 나를 힘들게 한다면 힘들고 지치는 것은 맞으나 그로 인해 내 고집만을 주장하지 않고 주저하고 타협하게 되어 더 좋은 결론을 가질 수도 있다.

　사주라는 것은 단순히 충과 합만을 이야기하는 것이 아니라 그로 인하여 얻어지는 결론까지도 파악하고 대처하여야 하는 것이다. 그래서 참 재미있는 학문이다.

7. 12지지의 역마, 도화, 화개의 취향

우리가 역마, 도화, 화개를 많이 들어 봤으면서도 그 뜻은 정확히 모르는 경우가 많다. 더욱이 역마살, 도화살, 화개살로만 기억하고 있는 사람들은 나쁜 것으로 인식하는 사람들도 많다. 하지만 앞에서도 언급한 것처럼 역마, 도화, 화개는 일 년 12달 중에 사계절에 해당하는 세 달 중에서 매 계절의 시작을 역마, 매 계절의 중앙이자 가장 강한 것을 도화, 매 계절의 마무리를 화개라고 한다. 그것이 충이 되면 살이라 하는 것이지 12지지는 다 역마, 도화, 화개로 구성된다. 그렇다면 그 역마, 도화, 화개에 따른 특성을 알아보도록 하자.

1) 역마(驛馬)

역마는 활동적이고 변화를 좋아하는 성향을 가지고 있다. 그래서 사주에 역마가 있다면 가만히 있지를 못하고 특별한 목적이 없다고 해도 움직이는 성향을 가진다.

그 중에서도 일지에 역마가 있을 때 그 성향이 가장 강하다. 그래서 지지에 역마를 가진 사람은 특별한 목적이 없더라도 산책하는 것을 즐기고 공부도 한자리에서 집중하기보다 움직이거나 백색소음이 들릴 때 더 공부를 잘 하는 성향을 가진다. 다시 말해 움직이는 것이 힘든 것이 아니라 그것이 되레 나에게 에너지를 준다.

물론 이 역마가 몇 개가 있느냐에 따라서 그 강약은 달라진다. 특히나 일지나 월지에 있을수록 강하고 나머지라고 해도 2자가 넘을 때는 역마가 강하다고 말할 수 있다. 또한 역마가 있다고 해서 무조건 해외에 나가서 산다고 하거나 직장을 많이 옮긴다고 하는 것은 잘못된 것이다. 그것은 단순히 역마가 문제가 아니라 그것이 충이 되거나 그 충이 나의 직업이 되는 관과 충할 때 내가 이직을 자주하고 자리를 잡지 못함으로 인해서 해외로 나가서 사는 게 낫다고 하는 것이지 역마만으로 그렇게 보는 것은 아니다.

물론 역마를 가지고 있으면 움직이는 것을 좋아하고 안주하기보다 도전적이며 활동적인 측면이 강한 것은 맞다. 그리고 그것이 나의 취향이므로 역마가 강할 때는 영업이라든지 많이 움직이는 일을 하거나 아니면 취미라도 많이 움직이는 것, 혹은 여행 등의 취미를 가지는 것이 취향에 맞는다.

2) 도화(桃花)

도화는 계절의 중심으로 그 계절을 대표하는 특성을 가지고 있다. 한여름, 한겨울과 같이 그 계절을 대표하는 것이다. 이는 이때까지 많이 배웠던 오행의 왕지가 다 도화인 것과 같은 의미이다. 이 도화의 특성을 가진 사람은 남들에게 주목 받게 되는 성향을 가지고 있으며 사람을 잘 홀리는 재주를 가지고 있다. 그렇다고 해서 이를 가지고 꼭 색기가 강해 바람을 핀다고만 볼 수는 없다. 왜냐하면 그 도화가 배우자로 역할이 전혀 없을 때는 도화만 가지고 있을 뿐 특별히 이성에 대한 큰 관심을 가지지 않는다. 이는 주위에 사람은 많지만 그저 이성의 사람일 뿐이지 나의 배우자로 생각하지 않는 사람들도 많기 때문이다.

도화는 그 자체로 예쁜 특성을 가지고 있다. 아무리 집이 더워서 속옷만 입고 잔다고 해도 아침에 창밖으로 보이는 하얀 눈을 본다면 겨울임을 느끼고 그 자체로 아름다움을 느끼는 것과 같이 크게 의도하지 않아도 끌리고 예쁜 것이 도화의 특성이다. 그러다 보니 예쁜 것을 좋아하고 꾸미는 것을 좋아한다. 그래서 무엇이든 잘 포장하는 재주를 가지고 있으며, 남들에게 예쁘게 보이게 해서 사람을 홀려 장사를 잘하는 재주를 가지고 있다.

여기에서 한 가지 알아야 할 것은, 노래를 부르는 사람도 도화지만 노래를 만드는 사람도 도화이다. 즉, 도화가 강하다고 해서 꼭 내가 남들 앞에 나서는 것만을 좋아하지는 않다 남들 시선에서는 주목받지 않더라도 노래를 잘 만드는 사람처럼 내가 만든 물건이나 판매하는 것 또는 마케팅하는 것이 남들에게 주목받는 경우도 있다.

도화도 도화를 가지고만 있다고 해서 살이 아니고 살로 작용할 때에 살이 되는 것이다. 그러므로 도화를 가지고 있다고 해서 모든 사람이 주색잡기로 패가망신을 하는 것은 아니다. 단지 남들보다 주목을 쉽게 받고 나서기를 좋아하며 예쁜 것을 좋아하는 특성을 가지고 있을 뿐이다. 물론 양권의 도화가 더 크게 빛이 나는 경우가 많다. 왜냐하면 양권인 사람들이 대부분 외향적이기 때문이다. 음권의 도화는 나서는 쪽보다는 주목은 받게 되나 그것을 불편하게 여기는 경우도 많다.

도화를 가지고 있다면 연예인이나 판매, 마케팅 등의 직업을 갖거나 강사 등 주목받는 일을 하는 것이 유리하다. 만약 일이 도화 쪽이 아니라면 취미라도 도화를 만족시킬 수 있는 일들을 하는 것이 좋다. 클럽을 다닌다든지 공연이나 예술 계통으로 취미를 가지는 것이 좋다.

3) 화개(華蓋)

화개는 계절의 끝으로 그 계절을 마무리하고 모으는 특성을 가지고 있다. 그렇기 때문에 예체능적 재능이나 창의적인 것을 좋아하는, 머리 좋고 센스가 있으며 아이디어가 많은 사람이다.

화개의 특성을 가진 사람은 반복되는 일보다는 새로운 일을 하는 것을 즐겨하며 그것 때문에 예술 계통에서 일을 하는 사람들이 많다. 꼭 예술 계통이 아니더라도 일반적인 일 중에서도 남들과는 차별되는 일을 하는 경우가 많다. 예를 들면, 식당을 하더라도 10년 동안 김치찌개를 팔아서 장인이 되기보다 새로운 레시피를 가지고 창의적인 음식을 하는 것이 맞는 사주이다. 물론 화개만을 가진 사람은 재능은 있으나 도화가 없을 때는 쉽게 인정받지 못하는 경우도 많이 있다. 하지만 도화만 가진 사람은 가진 것에 비해 쉽게 알려지는 경향이 있어 거품이 빠지면 처신을 못 하는 경우가 있다. 하지만 화개가 있을 때는 재능이 알려지는 것이므로 쉽게 알려지지 않더라도 한번 인정받으면 오래 가는 성향을 가지고 있다.

화개는 무엇을 모으는 재주라서 안정적인 성향을 가지고 있는데 화개가 충이 될 때는 그 기반을 깨는 경우라서 학문의 중도 좌절이라든가 가정의 불화로 이혼을 할 수 있는 부분도 있다. 하지만 화개를 가지고 있다는 것만으로 그렇게 되는 것이 아니라 그것이 충할 때 그럴 수가 있다는 것이다. 화개가 있으나 일반적인 일을 한다면 취미라도 새로운 것들을 많이 해보고 그림이나 음악, 블록 등 자신의 머리를 쓸 수 있는 일들을 하는 것이 좋다.

4) 서로와의 관계

역마가 많은 사람과 도화가 많은 사람이 만난다면 역마가 있는 사람이 나가자고 물을 때 도화가 많은 사람은 목적을 묻는 게 일반적이다. 하지만 역마가 강한 사람은 목적보다는 움직이다 보면 갈 만한 곳이 생길 거라고 말하고 도화가 가는 사람은 목적도 없이 움직이는 것을 싫어하는 성향이 있다. 그러므로 남녀를 떠나 도화가 강한 사람이 목적지를 정하고 역마가 강한 사람이 따라가는 것이 좋다.

화개는 토의 영향으로 중재의 의미가 있어서 역마인 사람과도, 도화가 강한 사람과도 잘 맞는 특성을 가진다. 위에서도 이야기한 것처럼 사주가 가진 지지가 역마, 도화, 화개로 구성되어 있기 때문에 아주 특별한 사주가 아니라면 다들 역마, 도화, 화개를 같이 가지고 있다. 그래서 서로가 서로를 이해하며 살아간다고 보면 된다.

간혹 가다 역마, 도화, 화개가 너무 강한 사람이 있는데 이는 그 사람으로 특성으로 생각하고 이해하면 된다. 또한 역마, 도화, 화개는 천간에 서처럼 특별한 합과 충이 있는 것이 아니라서 그 사람의 취향이라고 생각하면 되고 특별히 잘 맞고 안 맞고는 없다.

5) 역마, 도화, 화개로 보는 취향과 직업

내가 직업을 선택할 때 역마가 있으니 반드시 움직이는 일을, 도화가 있으니 주목받는 일을, 화개가 있으니 창의적인 일을 하라는 것이 아니다 취향이 있으니 자기의 성향에 맞는 일을 한다면 더 큰 만족을 가질 수 있다는 의미이다.

세상에 내가 하고 싶은 일을 하면서 돈을 잘 버는 사람은 전 세계를 통틀어 5-10%는 넘지 않을 것이다. 그러므로 모든 것에 만족하는 일을 찾기보다 내가 할 수 있는 일중에 나의 성향과도 맞는 일을 찾는 것이 좋다. 만약 그게 되지 않는다면 돈이 되는 일은 돈만을, 나의 취향에 맞는 일은 돈과 관련 없이 하고 싶은 것만으로 분리하는 것도 행복할 수 있는 방법이다.

필자는 어릴 때부터 상담학을 좋아했고 지금 역학을 하고 있는 것도 상담학의 연장선상으로 생각하고 있다. 하지만 돈을 벌기 위해서는 반복하여야 하고 그것은 노동이 된다. 아무리 좋아하는 일이라고 해도 돈을 벌기 위해서는 노동이 되는 것이다. 그러니 모든 것을 만족시키면서 돈까지 벌 수 있는 있을 전혀 없다고 할 수 없겠으나 많지 않은 건 사실이다. 그러니 내가 하는 일에 만족하도록 하자!

돈을 잘 번다면 돈만을 목적으로 일하면 된다. 돈을 버는 일에서 자아성찰과 자기만족과 자기발전을 꾀하지 말고 돈만 보고 일하자! 그리고 남는 시간을 통해 돈과 상관없이 자아성찰을 하고 자기만족을 하면서 자기발전까지 할 수 있는 일을 하면 된다. 사주는 행복해지는 법을 찾는 것이지 인생의 답을 찾는 것은 아니다.

8. 십신으로 보는 사주풀이 실전

1) 비겁

비겁은 내 힘이 되는 중요한 오행이다. 비겁이 일지에 있으면 자존심이 강하다. 여기서 자존심이라는 것은 단순히 고집을 의미하는 것은 아니고 자존(自存), 내가 존재하는 이유 내지는 삶의 목표라고 보면 된다.

간단한 예로 부모에 대한 욕을 하는 것을 몹시 꺼린다. 왜냐하면 부모는 나를 존재하게 만들어 주었기 때문이다. 또한 내가 목표를 가지고 노력한 것에 대한 것을 부정당하면 무섭게 화를 낸다. 전문가에게 그 사람의 전문 분야를 가지고 비판을 하면 그것은 내 삶을 무시당하는 거라서 자존의 문제가 되고 그것을 못 참는다. 그러나 내 자존과 상관없는 것에는 반응하지는 않는다.

비겁이 일지에 있으면 좋은 경우도 많다. 자존감이 높고 의지가 있는 사주로 내가 이루고자 하는 바를 끝까지 이루어 내는 경우도 많다.

예 1)

년	월	일	시
○	水	癸	○
金	寅	亥	○

사주일 때는 金水가 강한 신강 사주로 겁재를 가지고는 있으나 寅亥 合木으로 나의 겁재가 식상과 합이 되어 일을 하게 되는 사주로 일을 잘 하면 큰 보람을 가지는 사주이다. 비겁이 너무 많은 사주일 때는 내가 너 무 힘이 강해서 내가 하고 싶은 대로 해서 주위에 남는 것이 없는 사주도 있다.

예 2)

년	월	일	시
○	癸	癸	癸
○	未	亥	亥

사주일 때는 겁재가 너무 많고 식상이나 재가 없는 사주로서 사람들 과 어울리는 것은 좋아하나 일과 재물에 대한 큰 욕심이 없는 사주이다. 물론 관이 있어서 직장은 있겠으나 亥水의 지장간에도 戊土가 있어 관 이 또 존재함으로 인해서 직장을 많이 옮기는 사주이다.

비겁 중, 일지에 겁재가 있다면 허세가 있고 돈이 새는 성향을 가진다. 더욱이 남자 사주일 때는 그로 인해 부부간의 갈등이 있을 수 있다. 이는 겁재라는 것이 재를 충하는 것이기 때문이다.

예 3)				예 4)				예 5)			
년	월	일	시	년	월	일	시	년	월	일	시
○	○	癸	○	乙	癸	癸	○	丁	丙	壬	○
○	巳	亥	○	丑	未	亥	○	未	午	子	○

예 3)

사주일 때 겁재를 일지에 가지고 있으면서 나의 겁재가 재와 충하는 사주로 남자 사주일 때 이혼하는 사주이다. 그 이혼 사유는 바로 남자가 사람을 좋아하고 씀씀이가 커서 그로 인해 여자가 떠나가는 것이다.

예 4)

사주일 때 겁재가 많고 癸水의 성향상 사람을 좋아한다. 또한 사주에 재가 없는 사주로, 여자를 나의 배우자로 여기고 내 사람을 만들고자 하는 의지도 강하지 않은데다가 丑未충으로 화개 충으로 가정불화가 있고 더욱이 지장간에 숨어있는 재를 충하므로 이 또한 사람이 너무 좋다보니 집을 못 챙겨서 여자가 떠나가는 사주이다.

예 5)

사주일 때는 겁재를 가지고 있으나 재가 많은 신약사주로 여자 때문에 인생이 힘든 사주이다. 더욱이 子午沖으로 이별 또한 평탄하지 못하다.

예 6)

년	월	일	시
乙	乙	甲	甲
未	酉	午	戌

예 7)

사주를 쉽게 분석해보면 일원이 甲木으로

목	화	토	금	수
4	1	2	1	0

비겁인 목이 사주에 4개나 있으나 그 힘이 천간에서만 작용하고 지지에서는 실제적으로 비겁이 없는 사주이다. 더욱이 편관격 사주이므로 억부용신으로만 보면 균형이나, 신강으로 보아서는 안 된다. 사주는 공식처럼 몇 개이면 신강, 몇 개이면 신약으로 단순히 구분되어질 수 없는 부분이 있다. 이것을 보기 위해서는 단순히 오행의 숫자뿐만이 아니라 체와 격도 같이 볼 수 있어야 한다.

2) 식상

식상은 내가 힘을 사용하여 무엇이든 하는 것으로, 돈을 버는 일도 포함하지만 공부, 취미활동, 놀이, 봉사활동까지도 내 힘을 사용하여 하는 것을 다 의미한다. 식상은 관을 제어해주는 길성으로 또한 식상이 재를 가지고 있으면 일한 만큼 돈을 잘 버는 사주로 좋은 사주이다.

식상이 일지에 있으면 일하는 몸을 가지고 있다고 표현하는데 맡은 일에 최선을 다하고 일을 잘하는 사람이다. 거기에 더불어 재를 가지고 있으면 일한 만큼 돈을 버는 사주이고 관을 가지고 있으면 직장이 안정되고 직장에서 인정받는 사주가 된다.

년	월	일	시
壬	戊	丁	壬
子	申	丑	寅

예 1)의 사주를 쉽게 분석해보면 일원이 丁火로

화	토	금	수	목
1	2	1	3	1

일지에 丑土인 일을 가지고 있으면서 월간에도 戊土가 있어 머리가 좋고 일을 성실이 잘하는 사람이다. 관인 水가 3개이나 시간에 壬水는 丁壬合木이 되어 나를 도와주는 인성의 역할을 한다. 그리고 말년이 될 수록 인성이 목과 관이 나와 합이 되어 목이 되므로 말년 운이 좋고 인성이 좋은 사주이다.

하지만 식상이 너무 많은 사주는 일밖에 모르고 쉬지를 못 하는 사주로 주위 사람들이 힘들어진다. 특히 가정에 충실하지 못하는 경우가 있다.

예 2)				예 3)			
년	월	일	시	년	월	일	시
○	○	癸	木	丙	丙	乙	壬
火	卯	亥	未	午	○	巳	午

예 2)의 사주일 때는 水가 힘이 없는 신약 사주이나 사주에 亥(비겁) 卯 (식상) 未(관) 木局으로 일에 지배를 받는 사주로 부지런하며 돈도 잘 벌고 직장도 안정된 사주이다. 그러나 신약하기 때문에 내가 힘이 없이 주어진 일에 최선을 다 하고 그것을 벗어나지 못하는 성향을 가지고 있다. 남들이 봤을 때는 행복한 삶이나 실제로는 집에 들어가서 지치는 사주로 가정을 잘 못 돌보는 사주이다.

예 3)의 사주일 때는 乙木 힘이 없는 신약사주에 식상인 火 가 많은 식상탕아 사주로 일도 잘하고 부지런하며 인정받는 사람이지만 일이 너무 많고 이런 사주는 쉬는 날도 전적인 휴식이 아닌 목적을 가지고 노는 일을 하여야 하는 사주이다. 여러 가지 일을 만들고 다니며 부지런한 것은 좋으나 실제로 재와 관을 챙기지 못하고 자신이 무엇을 위해 일을 하는지를 잊어버릴 수 있는 사주이다.

위와 같은 상담자들에게 많이 묻는 말이 지금 행복하냐는 말이다. 행복이라는 것은 목표를 이루었을 때 지난 시간을 보상 받는 것이 아니라 오늘의 행복이 쌓여서 항상 행복한 것이라고 말한다. 즉, 일도 중요하고 인정받고 돈도 많이 벌면 좋겠지만 왜 그러고 있는 것인지 꼭 생각해보아야 한다. 지금 행복하지 않으면 미래 또한 행복할 수가 없는 것이다.

그렇다면 이 사주는 어떻게 살아야 할까? 적당히 살아가는 것이 좋다. 본래가 부지런한 사람이기 때문에 내 기준에 적당한 것조차 남들보다 부지런하다. 나에게 무리 되지 않는 선에서 내가 생활을 즐기면서 행복하게 사는 것이 중요하다.

3) 재성

재성은 내가 관여해서 제어할 수 있는 것으로, 세상의 돈 중에 내가 관리할 수 있는, 즉 내 것이 되는 돈을 나의 재물 또는 재성이라고 하며 이는 돈뿐만이 아니라 기회로도 해석이 가능하다. 기회 중에서도 내 것으로 만들 수 있는 것이 재성이다. 그래서 남자에게는 배우자가 재성이다. 이는 세상에 반인 여자 중에서 내 것으로 만들 수 있다는 의미를 가진다. 그러나 이는 단순히 내가 힘이 있어 가져온다는 것이 아니라, 내가 그 사람이 내 사람이라고 믿고 내 사람으로 확신할 수 있으며 그녀에게 믿음을 주어야만 배우자로 보고 재성으로 보는 것이다. 그래서 재성이라는 것은 있다 없다가 중요한 것이 아니라 내가 힘이 있어서 가질 수 있느냐가 더 중요한 것이다. 사주에 재성이 있으므로 인해서 기회가 있어서 좋은 사주이다.

예 1)

년	월	일	시
乙	丁	庚	丁
卯	亥	申	丑

예 1)의 사주를 쉽게 분석해보면 일원이 庚金로

금	수	목	화	토
2	1	2	2	1

나의 힘인 金과 土가 많지는 않으나 亥卯 合木으로 식상과 재가 합이
되어 재성이 좋은 역할을 하는 사주이고 경신일주로 힘이 있는 일주로
서 좋은 사주이다. 오행이 고루 역할을 하며 운이 들어올 때 성공할 수
있는 사주이다.

예 2)

년	월	일	시
甲	壬	己	乙
子	申	亥	亥

예 2)의 사주를 쉽게 분석해보면 일원이 己土로

토	금	수	목	화
1	1	4	2	0

나의 힘인 火과 土가 약한 사주이다. 그 이유는 팔자 중에 水 木이 많
기 때문이다. 재가 많다는 것은 돈이 있다는 것이고 기회가 많다는 의미
이다. 그러나 내가 많은 기회를 잡기 위해서 힘을 분산하게 된다면 본래

힘도 없는 사주이니 더 힘들게 된다. 그러므로 재가 많은 사주라고 해서 무조건 좋은 사주가 아니라 그 재를 어떻게 내 것으로 만들 것인지를 고민해보는 것이 중요하다.

위의 사주의 경우는 집중이 중요하다. 나에게 주어진 기회마다 최선을 다하기보다 그중에 가장 좋은 기회를 잡을 수 있도록 힘을 비축하고 나 혼자 다 할 수 없다면 나와 함께할 수 있는 사람과 같이 기회를 잡는 것이 중요하다.

4) 관성

관성은 나를 제어해주는 성으로 법, 규칙, 틀에 해당하는 것이다. 이를 쉽게 이해하려면 내가 속해 있는 단체이거나 직장으로 이해하면 쉽다. 직장은 가야 할 곳, 해야 할 일, 받아야 할 대가가 정해져 있는 것이다. 회사의 규칙을 따라야 하므로 불편한 면이 있겠으나 그 룰만 따르면 약속된 대가를 받을 수 있으므로 안정적이기도 하다. 아침에 일어나면 가야 할 곳이 있고 가면 할 일이 있고 일을 하면 대가를 받는 규칙이라고 생각하면 쉽다.

그래서 관이 사주에 자리를 잘 잡고 있으면 안정적인 삶을 살고 보수적인 성향을 가진다. 하지만 관이 없다면 얽매이기 싫어하고 자유로운 삶을 가지기를 원한다. 그렇다면 관이 많을 때는 나를 얽매이는 것이 너무 많아서 힘든 삶을 살게 되며, 일례로 직장이 너무 많아서 한 직장에 안주하지 못한다는 의미를 가지고 있다. 더욱이 여자 사주일 때는 관이 나를 안정시켜주는 것으로 남편의 역할이기도 한데 관이 너무 많다는 것은 남자가 많은 것이니 결혼을 몇 번 할 수도 있는 사주가 된다. 그 이유는 한 남자에게 안주하지 못하고 흔들릴 수 있다는 의미를 가진다. 그렇다고 해서 반드시 이혼을 한다기보다 흔들릴 수 있으니 결혼을 하기 위한 선택을 할 때 상황에 쫓겨 결혼을 하기보다 늦더라도 자신이 믿고 함께할 수 있는 사람과 결혼하는 것이 좋다.

예 1)

년	월	일	시
甲	丙	甲	辛
戌	子	甲	未

예 1)의 사주를 쉽게 분석해보면 일원이 甲木으로

목	화	토	금	수
2	1	2	2	1

나의 힘인 火과 土가 약한 사주이다. 그러면서 일지가 관으로 보수적이고 올바른 성향을 가지고 있는 사람이다. 그러면서 子申, 合, 水로서 월지에서 인성이 작용하고 그것이 나의 관과 합이 되어 나에게 좋은 인성인 水가 강해지는 사주로서 특히 여자일 때는 직장이나 남편이 안정적이면서 나를 위해 주는 인성이 되어 남편복이 있고 안정적으로 사는 사주이다.

예 2)

년	월	일	시
己	丁	癸	己
巳	丑	未	申

예 2)의 사주를 쉽게 분석해보면 일원이 癸水로

수	목	화	토	금
1	0	2	3	2

나의 힘인 金과 水가 약한 사주이다. 월지와 일지가 관이면서 화개 충하고 있으므로 안정적이고 보수적인 성향이면서도 내가 모으는 직장, 명예, 가정, 재물, 학업 등의 문제가 있는 사주이고 또한 여자 사주일 때는 가정이 안정되기 힘든 사주이다. 또한 월주와 일지가 천간 지지가 같이 충하여 부모가 나를 엄하게 키웠으나 그것이 나를 너무 힘들게 하였고 그로 인해서 학문이 중도 좌절될 수 있는 사주이기도 하다. 이 사주에서는 시주에 인성이 들어있어 말년이 되면 괜찮아지는 사주이다.

예 3)

년	월	일	시
辛	壬	癸	丙
丑	辰	酉	辰

예 3) 사주를 쉽게 분석해보면 일원이 癸水로

수	목	화	토	금
2	0	1	3	2

위 사주는 水와 金이 4자인 사주이다. 월지에 관이 강한 사주로 관살 혼잡 사주이며 신약한 사주이다. 안정되려고 하는 나를 안정화시키는 또는 영향을 끼치는 관이 너무 많아 혼잡스러운 사주이며 여자 사주일 때는 결혼을 몇 번에 걸쳐서 할 수도 있어 결혼을 신중하게 해야 하는 사주이다. 그러면서 일간이 癸水이므로 내가 주도하기보다 따르는 성향이 있어 사람들과 잘 어울리는 사람이지만 그것이 나를 더 힘들게 하는 사주이다.

5) 인성

인성은 나의 힘이 되어 주는 성으로 나에게 실제적으로 영향을 주는 사람이나 문서 등 모든 것에 해당한다. 흔히 인성 또는 인복이라고 하면 단순히 좋은 사람, 착한 사람이라고 생각하는데 실제적으로 인성은 나를 도와 내가 하고자 하는 바를 이루어 내는 역할을 한다.

간단한 예로 내가 운전을 하고 싶다고 할 때, 운전면허증이 나에게 인성이 되는 것이다. 하고 싶은 운전을 할 수 있게 해주어서도 인성이고 운전면허증이 있으므로 인해서 운전을 할 수도 있기 때문에 이를 인성이라고 한다. 그렇기에 우리가 인성이 필요하다고 할 때 주위에 좋은 사람을 찾는 것이 아니라 처음 만난 사람이라도 또는 그 사람은 싫지만 일에 도움이 된다면 그것이 인성인 것이다. 또한 내가 자동차 영업을 한다면 나에게 필요한 인성은 자동차를 만드는 사람이 될 수도 있다. 자동차를 만드는 사람이 있어야 파는 내가 필요하기 때문이다.

이들의 관계는 좋은 사람, 아는 사람이 아니라 나에게 실제적 영향을 끼치는 사람인 것이다. 그렇기 때문에 인성이 없는 사람은 좋은 사람, 변하지 않는 사람 또는 내가 최선을 다하면 나와 같이 나를 위해줄 사람을 찾으면 실수할 수가 많다. 그러니 인성은 꼭 나에게 필요한 사람인지를 확실히 하는 것이 좋다.

인성은 세상을 살아가는 데 꼭 필요한 성이기도 하면서 그 만큼 문제를 일으키는 성이기도 하다.

예 1)

년	월	일	시
庚	甲	己	戊
申	申	巳	辰

예 1)의 사주를 쉽게 분석해보면 일원이 己土로

토	금	수	목	화
3	3	0	1	1

위 사주는 土와 火이 4자인 사주이다. 월지가 申월생으로 식상이 아주 강한 사주로 부지런하고 일이 많은 사주인데 일지에 巳를 가지고 있어 인성으로 인해서 일을 나 혼자 버겁게 하는 것이 아니라 인성의 적절한 도움으로 큰 무리 없이 일을 잘 해나가는 사주이다.

예 2)

년	월	일	시
丁	癸	戊	甲
卯	卯	午	寅

예 2)의 사주를 쉽게 분석해보면 일원이 戊土로

토	금	수	목	화
1	0	1	4	2

위 사주는 土와 火이 3자인 사주이다. 연지와 월지가 卯월생으로 관이 강한 사주이다. 그러면서 관이 총 4자로 관이 많은 사주인데 일지에 午 火가 시지에 寅과 寅午合 火로 인성이 좋아 명예를 얻을 수 있는 사주이다. 더욱이 도화가 강한 사주로 예체능이나 연예 계열에서 좋은 사주이다. 하지만 관이 많은 것은 사실이므로 한 직장을 오래 다니기는 쉽지 않은 사주이다.

예 3)

년	월	일	시
壬	癸	辛	甲
戌	丑	丑	午

예 3)의 사주를 쉽게 분석해보면 일원이 辛金로

금	수	목	화	토
1	2	1	1	3

위 사주는 金과 土이 4자인 사주이다. 그러면서 지지에 土인 인성이 많은 사주로 인성으로 인해서 잘못된 선택을 할 수 있다. 이는 나쁜 사람이어서가 아니라 그 사람이 나를 위해준다고 하나 나에게 결론적으로 이롭지 못한 경우가 있기 때문이다.

예로 회사의 이사가 독립을 하면서 좋은 조건에 스카우트를 해갔는데 회사가 망해 버렸다면 인성이 맞지만 그로 인해 내가 힘들어지는 경우가 있는 것과 같은 이치이다. 그러므로 인성이 많은 사주는 나에게 필요한 사람을 선택하는 것이 쉽지 않다. 그래서 늦게 선택을 하고, 그에 대한 보상심리로 급하게 서둘러서 문제가 있을 수 있으니 사람을 신중히 선택하여야 하며 그 기준은 나에게 실제적인 도움이 되는 사람이 되어야 한다.

반대로 인성이 너무 없는 사주도 인성이 나에게 필요한 오행(용신)이 되는데 이 사람 또한 혼자 모든 일을 해나가는 것이 버거워서 도와주겠다는 사람이 있으면 깊게 믿고 신뢰하려는 경향을 가진다. 하지만 인성이 없기 때문에 사기를 쉽게 당하고 배신을 당하는 경우가 있고 이럴 경우 나중에 정말 필요한 사람을 얻지 못하는 경우가 있다.

그러니 사람을 선택할 때는 꼭 인성의 본질인 나에게 도움이 되는지를 확인해야 한다. 그리고 나에게 필요하다는 의미는 반대로 나도 그 사람에게 필요한 사람이어야 한다. 그래서 주는 만큼 받고 받은 만큼 줄 수 있는 관계여야만 공생할 수 있다.

9. 궁합

궁합이라는 것은 좋다 나쁘다를 판단하기 위해서 보는 것이 아니라 나와 함께 살아가야 하는 사람을 알고 이해하기 위해서 보는 것이다. 평생을 다르게 살아왔고 또 다른 사람끼리 같이 사는 것은 절대 쉬운 일이 아니다. 그 사람을 잘 안다고 생각하지만 그것이 착각처럼 느껴질 때가 있고 그것으로 인해서 큰 실망을 하여 헤어지는 계기가 되기도 한다. 그렇기 때문에 궁합을 봄으로서 나를 알고 그 사람을 앎으로서 서로가 다른 점을 인정하고 어떤 것을 노력하여야 하는지 또 어떤 것은 포기해야 하는지를 알고 서로에게 노력하는 것이 궁합을 보는 진정한 이유라고 할 수 있다.

예1)				예2)			
년	월	일	시	년	월	일	시
甲	辛	庚	乙	癸	己	甲	庚
子	未	午	酉	亥	未	子	午

예 1)의 사주를 쉽게 분석해보면 일원이 庚金로

금	수	목	화	토
3	1	2	1	1

예 2)의 사주를 쉽게 분석해보면 일원이 甲木로

목	화	토	금	수
1	1	2	1	3

두 사주에 천간은 甲庚沖이고 지지는 子午沖으로 천간과 지지가 충하는 안 좋은 궁합이다. 그런데 이 둘은 결혼 날짜를 받으러 온 커플이다. 이 커플에게 당신들은 안 맞으니 헤어지라고 하는 것이 옳은 상담일까? 그렇다면 사주가 안 좋으면 죽으라고 권해주어야 하는 것일까? 둘은 서로 정신과 육체가 박자가 잘 맞지는 않으니 서로 그것을 알고 주의하여야만 한다고 충고해주었고 이 둘도 처음에는 미친 듯이 싸웠으나 이제는 서로를 인정하고 결혼을 하기로 하였다고 했다. 너무나 다르니 더 이상 싸우려 하지 않는 커플인 것이다.

더욱이 예 1)은 여자 사주인데 이 사주는 예 2)의 子水가 필요한 오행이고 예 2)는 남자 사주인데 예 1)의 午火도 필요한 오행이다. 합에서는 안 맞으나 서로에게 도움을 주는 사주로서 둘이 살아가는 것이 도움이 되는 사주이다. 그리고 성향상으로도 둘 다 도화가 강한 사주로 취향이 맞는 사주이다. 그러므로 결혼해서 서로가 다르다는 것만 인정한다면 좋은 결과를 가질 수 있을 것이라 본다.

맺음말

사주를 보는 이유는 일단 내가 태어난 날의 기운을 알아서 나라는 존재를 짐작해보고 그것에 따라서 내가 살아가야 하는 방향과 방법을 고민하고 탐구할 수 있기 때문이다. 사주는 얼마나 잘 맞추어서 용하다는 말을 듣는 것이 아니라 상담자로서 이야기를 들어주고 조언을 해줄 수 있는 것이자 이야기를 듣고 나에 대해 고민해보고 내가 살아가는 방법을 찾아 가는 것이 진정한 의미라고 생각한다.

내가 어떤 사주를 가지고 태어났느냐가 중요한 것이 아니라 나는 누구이고 이런 나이기에 어떻게 살아가는 것이 좋은지 또는 혹시 실수하지는 않은지 어떤 노력이 필요한지 내가 만족할 수 있는 삶은 무엇인지 등등 나에 대한 무수한 질문을 하고 그 질문에 대한 답변을 찾아가기 위해 탐구하는 것이 사주를 공부하는 진정한 의미라고 생각한다.

사주라는 학문에 너무 빠져들어서 학문으로만 모든 것을 다 알 수 있다고 생각하는 것은 지극한 오만이자 자만이다. 사주는 기본이라는 생각으로 기본을 가지고 열린 마음으로 나를 또는 너를 이해하고자 하는 노력이 필요하고 그것이 기준이 되었을 때 진정한 사주학은 철학은 발전하는 것이라 믿는다. 그러니 사주학의 공부는 많은 책을 읽었다고 발전하는 것이 아니라 많은 사람을 만나보고 서로 이야기해봄으로써 발전하는 것이다. 사주는 곧 사람에게서 답을 얻는 것이다. 사주는 사람과 같이 발전하는 것이다. 그렇기에 사주는 곧 사람이다.

부록

궁합을 보는 방법

궁합을 보는 이유는 서로를 이해하기 위해서이다. 따라서 나쁘면 헤어지고 좋으면 결혼하면 반드시 잘 산다는 개념은 피하는 것이 좋다. 사주를 보는 이유는 나를 알고 내가 어떻게 살아가야 하는 것을 고민하는 것처럼 궁합이라는 것은 나와 너를 알고 우리가 어떻게 살아가야 하는지 무엇이 안 맞고 무엇이 잘 맞는지를 알고 살아가야 하는 법을 알기 위해서 보는 것이지 어떠한 결론을 내리기 위해서가 아니다. 궁합이 나쁘면 헤어지라고 한다면 사주가 나쁘면 죽으라고 하는 것과 같다.

1. 일주를 기준으로 충극이 되면 안 좋다. 나의 일주와 배우자의 일주를 기준으로 보는데 천간이나 지지에 충이 있으면 안 좋다. 물론 그렇다고 해서 꼭 헤어지라는 것은 아니지만 일단 두 사람이 미치도록 싸우게 되는 확률은 높다. 단지 서로를 알고 인정하고 노력하는 것이 중요하다.

2. 나의 일주와 배우자의 일주가 서로 합이 되면 잘 맞는다. 물론 합이 되었다고 해서 무조건 적으로 좋은 것은 아니다.
   예를 들어 둘의 합이 나에게나 배우자에게 기신으로 작용한다면 안 좋을 것이다. 반대로 둘의 합이 나에게나 배우자에게 서로 용신으로 작용한다면 아주 좋은 것이다. 그렇다면 한 명에게만 용신으로 작용할 때는 한 명에게만 좋은 것인데 이때는 여자에게 용신으로 작용하는 것보다 남자에게 용신으로 작용할 때를 더 좋게 본다. 이는 아무리 남녀평등사회라고는 하지만 남자가 가장으로서의 역할을 하기 때문에 남자를 더 기준으로 본다.

3. 합이 되지는 않는다고 하여도 나의 일주가 또는 배우자의 일주가 서로에게 용신으로 작용할 때가 좋다. 물론 기신으로 작용한다면 좋지 않다.
   또한 십신으로 보아서 용신은 어떤 십신으로 작용하는지 기신은 어떤 십신으로 작용하는지를 보고 실제로 살아가야 하는 법을 찾으면 된다.

4. 상대방이 서로 천간의 권역이 다른 경우 서로 성향이 달라 이해하기 힘든 경우가 있다. 양권인 사람들은 대부분 외향적인 데에 비해 음권인 사람들은 대부분 내향적이기 때문에 같은 권역일 때가 더 좋은 점은 있다.

5. 나의 지지와 상대방의 지지의 구성이 비슷하면 취향이 비슷해서 좋다. 즉, 내가 역마가 강하면 상대방도 역마가, 내가 도화가 강하면 상대방도 도화가 내가 화개면 같이 화개일 때 취향이 비슷해서 서로를 이해할 수 있어 좋다.

6. 나에게 배우자의 역할을 하는 십신이 없을 때 상대방이 배우자의 역할을 하는 십신이 일주로 올 때 좋다.

예로 여자에게 관이 없을 때 상대방의 일주가 나의 관인 오행으로 올 때 남자에게는 재가 없을 때 상대방의 일주가 나의 재인 오행으로 올 때 다른 사람에게는 안 생겼던 배우자로서의 확신을 가지게 되는 경우가 있어서 좋다. 물론 이때도 용신으로 올 때를 더 긍정적으로 본다.

쌍둥이 사주 보는 방법

    쌍둥이 사주를 나누는 여러 기준들이 있다. 그 기준들의 기본 원칙은 같은데 바로 하나의 사주를 둘이 나누어 간다는 의미를 가진다. 그러므로 쌍둥이 사주는 온전한 사주로 보지 않아 옛날에는 쌍둥이를 낳으면 늦게 나온 동생을 귀향 보낸다거나 버린다거나 죽인다는 말도 있었던 것이 그런 이유이다. 쌍둥이 사주는 하나의 사주를 두 가지로 나누는 것부터 시작하는데 몇 가지 예를 들어 보겠다.

1. 하나의 사주를 뽑고 동생 사주를 무조건 다음 시진으로 보는 사주법이다. 가장 간단한 분류법이기는 한데 이것은 현재 거의 쓰이지 않는 것으로 알고 있다.
   물론 정말 쌍둥이이면서도 시진이 구분되어지는 형제가 있다면 이 때에는 정상적으로 두 개의 사주를 각각 보는 것이다.

2. 하나의 사주를 육합을 기준으로 그림자를 만들어 내는 사주법이다. 천간 지지의 육합을 기준으로 나의 다른 면을 쌍둥이 사주로 보는 것이다. 이것이 쌍둥이 사주를 보는 가장 일반적인 방법으로 쓰이고 있다.

예 1)				예 2)			
년	월	일	시	년	월	일	시
庚	庚	丙	戊	乙	乙	辛	癸
午	辰	午	戌	未	酉	未	卯

예 1)의 사주를 쉽게 분석해보면 일원이 丙火로

화	토	금	수	목
3	3	2	0	0

예 2)의 사주를 쉽게 분석해보면 일원이 辛金으로

금	수	목	화	토
2	1	3	0	2

위의 사주 예처럼 쌍둥이라고 하면 비슷한 사주가 나올 것이라 예상하겠지만 거의 다른 사주가 나온다는 것을 알 수 있다. 물론 비슷한 사주가 전혀 없는 것은 아니나 쌍둥이 사주는 다른 사주라는 접근은 있어야 한다.

그리고 실제로 쌍둥이 사주인 사람들과 상담을 하여 보면 각각의 사주를 온전히 가지고 있다기보다 두 개의 사주를 섞어서 살고 있는 사람들이 더 많음을 알 수 있다. 이것은 처음에도 이야기했듯이 하나의 사주를 나누어 가진다는 의미로 해석해보아야 한다.

3. 쌍둥이지만 성별이 다를 때는 대운이 다르므로 각각의 사주로 보아도 무방하다.

종교인 무당 사주

1. 인성이 많아 다른 사람의 도움을 받는 사주

2. 인성이 없어 자기 스스로 일을 못하는 사주

3. 관이 강해 자기 신념이 강한 사주

여기까지 종교인의 사주이다.

4. 귀문관살이나 상문등 귀신과 접하는 부분이 있는 사주

1, 2, 3번에 4번을 더하면 무당사주이다.

그러나 이런 특성을 가지고 있다고 해서 꼭 종교인이나 무당인 것도
아닌 것도 아니니 참고로만 삼기를 권한다.

오행 건강법

1. 木의 경우(머리, 신경계)

사주 상 木이 약하거나 木이 다치거나(예컨대 甲庚 충 등) 또는 木이 기신인 경우는 머리(신경계)를 다치거나 간, 담에 병이 온다. 木이 약한 사람은 항상 신맛 나는 음식이 좋다. 사과, 귤, 오렌지, 딸기 및 감자, 강낭콩, 보리 등이 몸에 좋다. 사주상 木이 약한 사람은 평생 신맛 나는 음식을 많이 들면 木이 허한 기운을 보충하여 간과 담을 보호할 수 있다.

2. 火의 경우(가슴, 순환계, 심장, 혀)

사주에 火가 허약하거나 火가 다치거나 火가 기신인 경우는 쓴맛 나는 음식이 좋다. 따라서 은행, 냉이, 쑥, 도라지, 인삼, 옥수수, 토마토, 도토리묵 등이 좋으니 쓴맛 나는 음식을 많이 먹으면 심장과 소장 기능이 좋아진다.

3. 土의 경우(근육, 위장)

사주에 土가 허약하거나 土가 다치거나 土가 기신인 경우 단맛 나는 음식이 좋다. 예컨대 호박, 대추, 시금치, 단감, 쇠고기, 꿀 등을 많이 먹으면 위장을 보호할 수 있다.

4. 金의 경우(뼈, 폐, 코)

사주에 金이 허약하거나 金이 다치거나 金이 기신인 경우 매운 음식을 많이 먹어야 한다. 즉, 마늘, 풋고추, 파, 생강, 배추, 복숭아, 배 등 매운 맛이 든 음식을 많이 먹으면 폐와 대장 기능이 좋아진다.

5. 水의 경우(생식기, 신장, 혈액계)

사주에 水이 허약하거나 水이 다치거나 水가 지나치게 많아 기신인 경우 짠 음식이 많이 먹는 게 좋다. 즉, 검정콩과 검정깨가 특효약이다. 검정콩과 검정깨를 7:3으로 섞어 평생을 먹으면 신장과 방광 기능이 아주 좋아진다.

인생은 많은 갈림길 중에
더 나은 선택을 하는 것입니다.

그중에
당신의 선택은 항상 옳습니다.